빵으로
읽는
세계사

10가지 빵 속에 담긴 인류 역사 이야기

빵으로 읽는 세계사

이영숙 지음

스몰빅인사이트
SMALLBIG INSIGHT

># 머리말

달걀과 우유와 버터 향이 섞인 고소하고 달콤한 빵 굽는 냄새. 빵집을 지나칠 때 맡게 되는 그 냄새는 식욕을 자극할 뿐만 아니라, 왠지 모르게 엄마 품처럼 아늑하고 포근한 기분이 들게 합니다. 빵은 쌀과 더불어 인간의 주식으로 자리 잡으면서 인류의 역사와 함께 발전해 왔습니다. 그만큼 우리의 삶과 떼려야 뗄 수 없는 음식입니다.

이 책은 그런 빵에 관한 이야기를 합니다. 그중에서도 역사적으로 중요한 의미를 갖는 10가지 빵에 관한 이야기를 다룹니다. 누군가는 고작 한 덩이의 빵이라 생각할지 모르지만, 보는 시각에 따라 펼쳐지는 이야기는 한없이 깊고 다채로울 수 있습니다.

메소포타미아 지역에서 만들어진 인류 최초의 빵인 프랫브레드(납작빵)에서 시작하여, 이집트의 천연 발효빵이 어떻게 만들어졌으며, 이탈리아의 피자가 세계인의 빵이 된 배경에 대해서 살펴봅니다. 또, 마카롱에 숨겨진 두 여인의 파란만장한 삶과 포르투갈에서 아시아로 넘어온 에그타르트와 카스텔라의 숨겨진 비화에 대

flat bread · sough dough · pizza · macaron · egg tarte

머리말

해서도 알아봅니다. 이 외에도 유럽 제국의 침략으로 인한 역사와 관련된 판데살과 토르티야, 민중들의 고난이 담긴 베이글과 러시아 흑빵에 관한 이야기도 담고 있습니다.

이처럼 이 책에서는 빵과 세계사에 관한 다채로운 이야기들을 다루고 있습니다. 그러다 보니 빵처럼 달콤하고 포근하지만은 않을 것입니다. 씁쓸하기도 하고, 때로는 비극적이기도 한, 그러면서도 지금껏 우리가 알지 못했던 새로운 역사의 이면을 알 수 있는 계기가 될 수 있을 것이라 생각합니다. 이 책의 제목이 《빵으로 읽는 세계사》인 이유입니다.

이 책은 첫 장부터 순서대로 읽지 않아도 됩니다. 독자분이 좋아하는 빵, 궁금한 이야기가 담긴 장부터 읽어나가도 됩니다. 부담 없이 빵을 통해 흥미진진한 세계사를 들여다보시길 바랍니다.

어쩌다 보니 이 책은 1년 넘게 체류한 필리핀에서 원고의 대부분을 쓰게 되었습니다. 코로나 팬데믹시대의 강력한 락다운 정책에 걸려 주로 집 안에만 머물다 보니 공간 감각이 없어질 지경이었습니다. 내가 있는 곳이 한국인지 필리핀인지 서울인지 마닐라인

지 헷갈릴 지경이었고, 외출 자제를 요청하는 순찰차의 안내 방송을 들으며 무력감에 빠지기도 했습니다. 그래도 생필품을 사러 잠시 나갈 때마다 마켓이나 빵집에서 사워도우, 차파티, 파라타, 토르티야, 피타, 에크멕, 판데살 등의 빵들을 사 와서 먹고, 밀가루와 옥수숫가루, 이스트 등을 사서 빵을 만들어 보면서 글을 썼습니다. 빵을 만드는 요리책은 아니지만 모양이나 촉감, 향기를 직접 보고 느끼면서 그 감각을 공감하고 싶어서였습니다.

해외라 참고할 문헌이나 자료를 구하기가 쉽지 않아서, 책과 자료 등을 어렵게 입수하고 번역하면서 글을 쓰다 보니 작업이 늦어지긴 했지만, 빈징세직 석리로 인해 집중할 수 있는 시간이 늘었고, 글로벌 시티라 세상의 다양한 빵들을 쉽게 접할 수 있어서 글쓰기에 나름 좋은 점도 있었던 것 같습니다.

이 책은 일반인을 포함한 전체 연령을 대상으로 쓰여졌습니다. 그동안 청소년을 대상으로 한 세계사 책을 주로 쓰다가 처음으로 성인 대상으로 폭을 넓혀 책을 쓰다 보니 어딘가 부족한 부분이 있으면 어쩌나 하는 걱정이 앞섰습니다. 그래서 더 많은 자료를 찾아보고 공부를 하려 노력했던 것 같습니다. 부족하고 미진한 부분이 있을 수 있지만 제 나름으로는 정성을 들여 쓴 글이니 아무쪼록 재미있고 유익하게 읽어 주시길 바랄 뿐입니다.

  마지막으로 이 책이 나오기까지 신세를 진 분들께 인사를 드리고 싶습니다. 먼저 책이 나오기까지 여러모로 고생해주신 출판사 관계자분들께 감사의 인사를 드립니다. 그리고 회사를 은퇴한 후 힘차게 인생 2막을 열고 있는 남편과 빵집 아르바이트 경험을 조잘대면서 이번 책에 많은 관심을 보이던 큰딸을 포함한 가족들에게 언제나 아낌없이 응원을 해주어서 고맙다는 말을 하고 싶습니다.

  또 곧 결혼을 앞둔 조카와 얼마 전 아기 엄마가 된 아래층 새댁과 같이 어려운 시기지만 무언가 새롭게 시작하고 출발하는 이들이 희망을 품고 힘을 내었으면 좋겠습니다. 그들 인생에 축복이 있기를, 빵처럼 포근하고 풍요로운 인생이 펼쳐지기를 기원해 봅니다. 이 책을 읽으시는 독자 여러분의 삶에도 행운과 풍요로움이 함께하길 바랍니다.

이영숙

차례

제 1 장

플랫브레드

인류의 문명과 함께 시작된 빵 만들기

갓 구운 빵 냄새는 얼마나 풍성하고 포근한가? 빵 냄새에 취해 선뜻 발을 들여놓은 빵집에서 각양각색의 빵이 진열된 모습은 또 얼마나 매력적인가?

이렇게 오감을 자극하는 빵을 보면서 문득 '인류는 언제부터 빵을 먹기 시작했을까?', '최초의 빵은 어떤 모양과 맛이었을까?'라는 궁금증을 가져본 적은 없는가.

빵은 역사가 길다. 세계 최초의 도시로 꼽히는 '우르Ur'에도 기록이 남아있으니 말이다. 기존에는 빵이 고대 바빌로니아 왕국에서 시작되었을 것으로 추측했다. 하지만 더 이전에 빵을 먹은 흔적이 속속 발견되면서 언제부터 인간이 빵을 먹었는지는 미궁에 빠져 있다.

명확한 기원을 말하긴 어렵지만, 현재로서는 비옥한 초승달 지역에 속하는 요르단이 최초로 빵을 먹은 곳으로 꼽힌다. 요르단의 유적을 발굴하던 중에 집터 화로에서 숯으로 변한 빵 조각들이 발견되었기 때문이다. 밀과 보리, 식물 뿌리로 만든 납작한 빵 부스러기로 방사성 탄소 연대측정을 해보니 1만 4,400년 전으로 밝혀졌다. 인류가 처음으로 농경사회를 꾸려 나간 것이 신석기시대 말기인 1만 년 전부터 1만 5,000년 사이로 알려져 있다. 그러니 요르단의 유적만 놓고 본다면 농경 생활을 하면서 빵을 더 많이 만들었을 거라는 짐작을 하게 된다.

곡식을 재배하기 이전에도 인류는 야생 곡물을 빻아 물을 넣고 반죽해서 구운 단순하고 거친 형태의 빵을 만들었을 것으로 추측된다. 빵의 역사가 생각 이상으로 오래일 수 있다는 말이다.

야생 밀의 원산지는 프랜스 코카시스라 불리던 곳으로, 현재의 터키를 비롯한 그 인근 국가로 추정된다. 물론 당시의 빵에는 효모는 전혀 사용되지 않았다. 부침개처럼 납작한 모양의 빵, 이른바 '플랫브레드(납작빵)' 형태였다. 이후 이 지역에서 생산되던 밀이 점차 서남아시아의 고원을 거쳐 이집트로 건너가면서 발효 과정을 거쳐 부드럽고 부푼 모양의 빵이 탄생했다. 그전까지의 빵은 모두 발효 과정이 없는 플랫브레드였다. 물론 발효빵이 넘쳐나는 오늘날에도 무 발효 플랫브레드는 널리 만들어지고 식용되고 있다. '피타', '난', '토르티야' 등의 형태로 말이다.

납작하게 직화로 구워낸 고대의 빵

그 옛날, 빵이 맨 처음 만들어지던 즈음을 상상해보자. 오늘날과 같이 제대로 된 취사도구나 오븐 같은 게 있을 리 만무한 시절에 어떻게 빵을 만들었을까? 아마도 주위 환경을 활용하여 빵을 만들었을 것이다. 창의력을 총동원해서 말이다.

2018년 방영된 〈요리 인류〉라는 프로그램의 '빵과 서커스' 편을 보면 이런 장면이 나온다. 아이슬란드에서 뜨겁게 솟구치는 온천물에 빵 반죽이 담긴 종이팩을 담가 빵을 쪄내고, 유목민이 사막처럼 건조한 곳에서 뜨거운 재로 밀가루 반죽을 덮어 빵을 구워낸다. '필요는 발명의 어머니'요, '이가 없으면 잇몸'으로 어떻게든 살아가는 법이구나 싶은 영상들이었다.

원시시대의 빵은 통곡물을 돌로 빻아 물과 섞어 반죽을 만든 후, 뜨겁게 달군 바위 위에 펼쳐 익혀 먹었을 거라고 추측된다. 아니면 나무나 풀, 지푸라기 등을 모아 불을 지핀 다음, 그 모닥불 속에 반죽을 넣어 익힌 형태였을 것으로 추정된다. 표면이 시커멓게 타긴 하지만, 밀가루 반죽을 불에 바로 굽는 직화로도 빵을 구울 수 있다.

메소포타미아 지역의 경우, 야외에서 커다란 돌판을 불 위에 올려 뜨겁게 달군 뒤 그 위에 얇게 펼친 반죽을 올려 빵을 만들었다. 진흙이 풍부한 곳이었으니 진흙으로 커다란 화덕을 구워서 그 안에 불을 피우고 화덕 바깥 둘레에 밀가루나 보릿가루 반죽을 얇게 펼쳐 붙여서 빵을 만들기도 했을 것이다.

문명이 태동한 비옥한 초승달 지대

초기 문명의 발상지로 알려져 있는 '비옥한 초승달 지대'는 지금의 중동 지역에 해당하는 곳으로, 왼쪽 끝은 이집트에 걸쳐 있고 오른쪽 끝은 페르시아만에 닿아 있다. 이 지역을 중심으로 인류가 문명을 일으켰기 때문에 비옥한 초승달 지대는 문명의 요람으로 알려져 있다.

수렵과 채집으로 연명해 가던 초기 인류는 우연히 이 지역에서 곡물이 잘 자란다는 것을 발견했을 것이다. 먹고 던져둔 씨앗들이 자라난 것을 보고 정착하여 살게 되면서 점차 인구가 불어났고, 문자와 기술과 제도 등 문명도 함께 번영했다.

비옥한 초승달 지대 중에서도 티그리스강과 유프라테스라는 두 개의 강이 흐르는 곳 사이에 있는 메소포타미아 지역은 인류 최초의 문명이 발생한 곳으로 꼽는다. '메소Meso'는 '가운데'나 '사이'를 뜻하고 '포템potam'은 '강'을 의미하며, '이아ia'는 '땅'이란 뜻이니 결국 '두 강 사이에 있는 땅'이란 뜻이 된다. 티그리스와 유프라테스강은 현대의 터키 고원지대에서부터 시작되어 이라크 땅을 통과하여 페르시아만으로 흘러든다. 그 두 강 사이에 있는, 오늘날 주로 이라크 땅에 해당하는 땅을 메소포타미아 지역이라 불렀다.

인류의 초기 문명은 모두 강을 끼고 발달했다. 황하강을 낀 중국 문명, 인더스강을 낀 인도 문명, 나일강을 낀 이집트 문명처럼 말이다. 강물은 식수원이자 농업에 필요한 물의 공급원으로서 필수적이기 때문이다. 그런 강이 하나도 아닌 두 개나 흐르는 곳이었으니, 티그리스강과 유프라테스강 사이에 있는 메소포타미아 지역은 더 비옥했을 것이고, 문명이 태동하기에 더할 나위 없이 적합한 곳이었으리라. 물이 풍부하고 농사짓기에 좋은 조건을 갖추고 있었으니 먹을거리가 풍부한 곳에 사람들이 몰려들어 살게 된 것이다. 이곳에서 눈부시게 발달한 초기 문명을 꽃피웠던 수메르인들에 대해 알아보자.

역사가 시작된 땅, 수메르

인류의 4대 문명 발상지에 대해서는 줄줄이 꿰면서도 막상 수메르 문명이라면 생소하게 여기는 사람이 꽤 있다.

수메르인이 메소포타미아 지역에 들어와 산 것은 기원전 3500년경부터이다. 당시의 수메르인들은 이 비옥한 메소포타미아 지역에 그들의 도시를 세웠다. 그곳은 땅이 평평하며 습한 데다 비옥하여 농사를 짓는 데 아주 적합했다. 또한, 유프라테스강은 사람과 가축이 마실 물을 제공하였다. 수메르인들은 그들의 집을 짓고 영구히 거주하게 되면서 점차 그들의 도시를 발전시켜가게 되었다.

그렇다고 메소포타미아 지역이 마냥 살기 편한 곳만은 아니었다. 오늘날은 건조한 기후로 유명한 곳이지만 고대에만 해도 이 지역은 습지였기 때문에 조금이라도 관개사업을 게을리하면, 두 강의 물이 넘쳐흘러 모든 도시를 삼켜 버릴 정도였다. 그랬으니 수로와 운하를 끊임없이 관리하고 개선하는 관개사업이 대단히 중요했다.

메소포타미아 남부에 해당하는 현재의 지역에는 아직도 수메르인들이 저수지를 만들어 물을 저장하고, 곳곳에 물길을 내어 도시와 주변의 농경지에 물을 대었던 흔적이 남아 있다. 이렇게 물을 이용하며 농사에 의존하다 보니 '물의 신', '바람의 신' 등 농사와 관련된 여러 신을 숭상하는 다신교가 발생하게 되었고, 그 신들에게 제사를 지내고 소원을 비는 일을 주관할 사제가 필요하게 되었으며, 그 모두를 아울러 지배할 왕도 나타나게 되었다. 그런 식으로 도시는 점차 국가의 형태를 갖추게 된다. 각 도시국가는 '신권정치(신정)' 형태로서, 신권정치에서 지도자는 신이거나 신의 대표자로 여겨 모든 권한을 가졌다.

이처럼 물을 잘 다루고 농사짓는 지식이 쌓이면서 점점 더 많은 곡물을 생산하게 되었고, 충분한 양의 곡물을 수확하여 잉여 곡식이 쌓이자 이웃 마을들과 교역하게 되었다. 그리하여 장사하는 사람, 청동으로 무기를 만드는 사람, 전쟁을 담당하는 전사 등 직업이 분화되었다. 높은 관직의 사제는 세속적인 통치자로서, 도시의 행정관으로 일했다. 그들은 농업에 필수적인 관개 시스템을 관리하고 감독하거나 제례를 주관하는 등의 행정적인 일을 했다.

수메르인들은 문명을 형성한 첫 번째 사람들로 알려졌다. 그들은 최초의 도시국가인 '우르'를 설립했다. '도시화'를 뜻하는 'Urbanization'의 유래가 바로 '우르Ur'에서 왔다.

수메르 문화가 얼마나 발전돼 있었는지는 당시의 문명을 짚어보면 바로 짐작할 수 있다. 그들은 농사에 적합한 날과 때를 아는 것이 중요했기에 '태음력'이라는 달력을 만들었다. 농사를 짓고 수로를 관리하는 등의 작업을 위해 바퀴 달린 운반 도구를 만들어 썼고, 대수학이나 60진법 등을 개발하여 사용했다. 10진법에 많이 밀리기는 했지만, 60진법은 오늘날에도 사용되고 있다. 시계의 '시·분·초'가 다 60진법이다. 이처럼 수메르인들의 초기 문명은 오늘날까지 남아 인류에 오래도록 공헌하고 있다.

인류 최초의 문자를 만든 수메르인

무엇보다 수메르인들의 문명을 논할 때 놀라운 것은 자체의 글자 체계를 갖추고 있었다는 점이다. 그들은 인류 최초로 글을 읽고 쓸 줄 알았다. 종이가 만들어지기 한참 전이고 붓이며 연필이 있을 리 없었던 당시에 그들은 어떻게 글을 썼을까?

메소포타미아 지역은 두 개의 강을 끼고 있다 보니 땅이 습해 진흙이 풍부했다. 진흙은 요긴하게 쓰였다. 강가의 진흙을 긁어와서 짧게 자른 지푸라기와 섞어 반죽한 뒤, 네모난 틀에 찍어 말리면 흙벽돌이 만들어졌다. 그것으로 집도 짓고 거대한 지구라트도 건설했다. 지구라트는 도시 한가운데의 인공 언덕 위에 높다랗게 쌓아 올린 웅장한 신전을 말한다. 그런데 사람들은 이 신전에 들어오는 물건들을 기록하고 정리할 필요를 느끼게 된다. 그래서 진흙으로 넓적한 판을 만들어 갈대나 뾰족한 나뭇가지 같은 것을 이용해서 진흙 판에 꾹꾹 눌러 글자를 새겼다. 처음에는 물건의 형상을 본 따 기록하던 것이 점점 더 간단하고 단순한 기호형태로 자리 잡게 된다. 그 모양이 마치 쐐기 모양과 닮아서 '쐐기문자(설형문자)'라 부르게 되었다. 그리하여 메소포타미아는 약 5,000년 전에 이미 문자를 사용하는 문명지대가 되었다.

쐐기문자는 잉여 작물로 물물교환을 하고, 세금을 내고, 수로의 관개를 정비하는 등 여러 분야의 기록에도 유용했다. 약간 젖은 상태의 진흙 판에 쐐기문자로 글을 쓴 다음에는 바람이 잘 통하는 그늘진 곳에서 진흙 판을 말렸다. 햇볕을 쬐면 쪼개지기 때문이다. 오래 보관할 진흙 판은 불에 구웠다. 도자기 굽듯 말이다.

세월이 흐르면서 쐐기문자로 점차 복잡한 내용까지 기록하게 되면서 기록을 담당하는 서기관書記官들의 역할이 커졌다. 그들은 인류 최초의 서사시로 알려진 〈길가메시 서사시〉처럼 영웅이나 지도자에 관한 신화도 기록했다. 수확물의 양과 저장량, 교역량에 관한 기록, 법률, 일상의 기록 등 다양한 기록들이 쐐기문자 형태로 전한다. 중요한 기록들은 서기관들이 맡아 했는데, 글을 읽고 쓸 줄 아는 것은 중요한 능력이었기에 서기관들은 존경받는 지위에 좋은 대우를 받았다. 그래서 웬만한 집 부모들은 아이들에게 서기관이 되기를 원했고 자녀들은 서기관이 되기 위해 열심히 공부했다.

오늘날 우리가 중동이라고 부르는, 나일강의 북동쪽에 있는 수메르 지역에 살던 아버지가, 서기관이 되기 위해 공부하는 아들에게 배움을 강조하는 글이 아직도 남아 있다.

"너는 왜 빈둥거리고 있느냐? 학교에 가고 숙제를 외워라……. 네가 (공부를) 마쳤으면 내게로 오너라. 길거리를 떠돌아다니지 말아라. 내가 지금 하는 말을 알아듣겠느냐?"

거의 4,000년 전의 아버지가 아들에게 당부하고 다그치는 말이다. 시간을 낭비하지 말고 촌음을 아껴 공부에 매진하라는 충고다. 오늘날 부모들이 자녀들에게 하는 잔소리와 꽤 닮았다. 오락이나 스마트폰 얘기가 없을 뿐.

쐐기문자로 기록된 학생의 하루

당시 서기관이 되기 위해 공부하던 아이가 남긴 일상의 기록도 있다.

"나는 내 태블릿(태블릿 PC가 아니다. 글을 쓰던 진흙 판을 뜻한다)을 암송했고, 점심을 먹었고, 새로운 태블릿을 준비했고, 그것을 썼고, 완성했다. 그다음에 그들(선생님들)은 내게 구술 숙제를 내주었다. 이후 내게 작문 숙제도 내주었다. 학교가 끝나고 집에 돌아왔더니 아버지가 앉아계셨다. 나는 아버지에게 내 쓰기 숙제에 대해 말했고 그다음엔 아버지에게 내 태블릿을 암기해 보이자 아버지는 기뻐하셨다…(중략)…. 아침에 일찍 일어나서 나는 엄마에게 '점심 도시락 주세요. 학교 가야 해요'라고 말했다. 어머니는 내게 두 덩이의 빵을 주셨고 나는 출발했다. 학교에 도착하자 제시간에 등교하는지를 감시하는 분이 내게 '왜 늦은 거냐?'라고 하셨다. 두려움과 쿵쾅대는 가슴을 안고 나는 선생님이 오기 전에 들어갔고 존경의 자세를 취했다."

흥미로운 기록이다. 다른 집 아이지만, 마치 앞서 소개한 수메르인 아버지의 아들인 듯 느껴지게 분위기가 연이어진다.

마치 조선시대 서당이나 오늘날 학교에 다니며 열심히 공부하는 학생들의 일상을 보는 듯하지 않은가? 그때나 지금이나 성공하고 출세하기 위해 부모는 뒷덜하고 아이들은 공부하느라 힘들구나 싶어지는 글이다.

여기서 잠깐. 수메르 학생이 도시락으로 싸갔다는 '두 덩이의 빵'에 대해 생각해보자. 어떤 형태의 빵이었을까? 당시에는 이스트나 효모가 상용되지 않고, 전기 오븐이 있을 리 없었던 터라, 수메르인들의 빵은 오늘날처럼 예쁘고 잘 부푼, 보드랍고 달콤한 그런 모양새나 식감과 맛을 가진 것이 아니었다. 거칠게 빻은 곡물을 물과 반죽하여 대충 빚어서 부침개나 밀전병처럼 납작하게 구운 것이었다. 그것들을 대충 둘둘 말아서 통에 넣어 도시락으로 이용했으리라.

바빌로니아인의 삶을 지배한 함무라비 법전

메소포타미아 지역은 비옥하여 살기 좋았기 때문에 누구나 탐을 내게 되었고, 그로 인해 많은 침략과 부침을 겪게 되었다. 기원전 3200년경부터 수메르에는 많은 도시국가가 성장했는데 청동제 무기가 주가 된 전쟁을 통해 작은 도시는 점점 큰 도시에 통합되어 갔다. 기원전 2350년경에는 도시국가 중 하나인 아카드의 사르곤 1세가 수메르의 다른 도시국가들을 정복하고 아카드제국을 세웠다. 그러나 아카드 왕국의 지배는 오래가지 못하였고, 수메르는 여러 도시국가로 나뉘었다. 기원전 2112년경 우르가 이 주변 도시들을 다시 굴복시켰다.

우르제국의 왕 우르남무는 정복 사업을 끝낸 후 나라를 안정시키려고 애썼다. 자나 저울 같은 도량형을 통일하고 경제 질서를 바로잡았으며, 학교를 세우고 백과사전을 편찬하는 등, 수메르문명이 전성기를 이루었다. 특히 그가 만든 법전은 지금까지 알려진 것 중 가장 오래된 법전이다. 이후 기원전 1700년경에는 함무라비 왕이 이끄는 바빌로니아의 유목민 전사들이 메소포타미아를 통일하고 중앙집권적인 정치제도를 만들었다.

그는 군대의 지도자면서 정의롭고 지혜로운 정치인이기도 했다. 그는 앞서 언급한 수메르문명의 우루 남무 법전을 계승하여 〈함무라비 법전〉을 만들었다. 8피트(243센티미터) 높이의 큰 돌기둥에다 282개 조의 법 조항들을 일일이 글로 새겨 놓은 〈함무라비 법전〉은 최초의 성문법으로서 함무라비 최고의 발자취로 일컬어진다. 재산, 상해, 가족, 결혼 그 외 바빌로니아인의 거의 모든 삶을 통제하는 법률이 빼곡히 새겨져 있는 〈함무라비 법전〉은 당시의 시대상을 엿볼 수 있는 좋은 기록물이 되고 있다. 이후에도 이 비옥한 초승달 지대에는 히타이트족과 아시리아인들이 거쳐 갔다.

빵이 익숙했던 예수의 시대

고대 빵의 흔적은 성경을 통해서도 확인할 수 있다. 성경에 빵에 관한 이야기가 종종 나오기 때문이다. 유대인들이 애굽(이집트)에서 파라오를 피해 도망간 기록인 〈출애굽기〉에 발효하지 않은 납작빵인 '무교병'이 나온다. 애굽을 서둘러 피신해야 했던 유대인들은 시간이 촉박했기에 발효하지 않은 빵을 만들었다. 이스라엘을 비롯한 유대인들은 오늘날에도 '유월절'에 납작한 빵인 무교병 '마짜'를 먹으며 당시를 떠올려보고 교훈으로 삼는다.

그리고 성경의 마태복음, 마가복음 등에는 예수가 '오병이어五甁二漁의 기적'을 보이셨다는 기록도 있다. 다섯 개의 떡과 두 마리의 생선으로 수많은 사람들을 먹이셨다는 기적의 기록이다.

최후의 만찬에서도 제자들에게 손수 빵을 뜯어 나누어주면서 "이것은 내 살이요"라고 말한 장면이 있다.

이렇듯이 성경 곳곳에는 빵과 관련한 일화들이 실려 있다. 이것을 통해 예수가 이 세상에서 활동하던 전후의 시기에 이미 빵이 널리 전파되고 사용되고 있었다는 것을 알게 된다. 생각해보면 예수가 활동했던 지역이 이스라엘의 예루살렘이었으니, 비옥한 초승달 지대 부근이다. 그러니 빵 문화가 쉽게 전파되어 빵을 먹는 문화가 이미 익숙했을 것으로 짐작된다.

세계무형문화유산에 등재된 '라바시'

야생 밀의 원산지로 꼽히는 트랜스 코카서스에 해당하는 국가들은 밀로 만든 빵 문화에 관한 공통점을 많이 가지고 있다. 트랜스 코카서스라는 말이 낯설게 느껴질 수 있다. 러시아 남부의 흑해와 카스피해 사이에 산맥이 있는데, 그 산맥이 코카서스산맥이고 러시아어로는 캅카스산맥이라 부른다. 이 산맥의 남쪽에 있는 지역을 트랜스 코카서스라 하는데, 조지아, 아르메니아, 아제르바이잔과 더불어 이란과 터키의 일부 지역을 포함한다. 이 지역에는 독특한 문화가 있다. 동네 사람들이 모여 '라바시Lavāsh'라는 플랫브레드를 함께 만드는 것이다. 이 문화는 고대부터 내려온 오랜 전통임을 인정받아서 유네스코 세계무형문화유산으로 등록까지 되었다.

플랫브레드 중 가장 대표적인 라바시는 땅에 묻어놓은 타니르(또는 타누르)라고 부르는 화덕 벽에 얇게 민 밀가루 반죽을 붙여 구워낸다. 이란에서는 우리나라 전통 가마솥 뚜껑같이 생긴 번철을 이용해 빵을 굽는다. 할머니나 엄마가 동네 사람들과 어울려서 빵을 만드는 모습을 지켜보던 어린 손녀나 딸은 커서 그녀의 딸과 손녀가 지켜보는 데서 또 빵을 굽는다.

반죽하는 사람, 반죽을 밀대로 얇게 밀어 모양을 만드는 사람, 굽는 사람 등으로 역할을 나눠서 빵을 구워 쌓는데, 얇게 펼쳐 구워 낸 빵을 쌓아 놓은 모양이 마치 한지를 펼쳐 쌓아 놓은 것처럼 보인다.

마을 사람들이 모여 빵을 함께 구우면 일단 경제적으로 득이 된다. 각 집마다 화덕을 갖추거나 장작을 쓰기에는 비용이 부담스럽고, 화덕이 있더라도 한 가족이 먹을 소량의 빵을 만들다 보면 불필요하게 낭비되는 장작이 생기기 때문이다.

또, 경제적으로 손실을 줄이는 이점 외에도 빵을 함께 구우면 친교의 효과가 있다. 빵을 굽는 동안 마을 소식을 비롯해 이런저런 담소도 나누고 단조로운 일을 잊기 위해 노래도 하게 된다. 의미 있고 재미난 이야기며 노래는 구전되어 대대로 구전된다. 한마을에 사는 사람들이 함께 빵을 만들며 일상의 희로애락도 함께 나누는 것이다. 그러니 동네 사람들이 모여 빵을 만드는 행위는 단순한 먹거리 문제를 넘어 사회적 문화적인 측면이 분명 담겨 있다. 이것이 대대로 전수되는 라바시 만드는 과정을 세계무형문화유산으로 지정한 이유일 것이다.

난, 차파티, 파라타

납작빵에 관한 이야기를 하다 보면 인도와 그 이웃 나라들에서 널리 먹는 '난naan'이나 '차파티chapati'도 빼놓을 수 없다. 인도는 메소포타미아의 동남쪽에 위치하고 있어서 바닷길로 메소포타미아와 무역이 활발하게 이루어지면서 식문화에도 많은 영향을 주고받았다. 그런 이유로 인도와 터키 인근에서도 납작빵을 흔하게 먹는다. 대표적인 납작빵은 우리나라에서도 널리 알려진 '난'이다.

난은 페르시아어로 빵을 뜻하는 '넌ناں'에서 비롯되었다. 발효된 밀가루 반죽을 진흙으로 만든 커다란 항아리 모양의 화덕인 '탄두르' 안벽에 붙여서 구워낸 플랫브레드다. 겉은 바삭하면서도 쫄깃하니 씹는 맛이 있다. 담백해서 카레나 꿀에 찍어 먹어도 좋고, 탄두르에서 익혀낸 고기나 채소를 곁들여서 쌈을 싸서 먹어도 좋다. 만들기도 반죽 과정만 빼면 쉽다. 난은 반드시 정제한 밀가루를 사용하여 물과 소금, 이스트와 함께 걸쭉하게 반죽하고 3시간 정도 발효시킨 뒤 둥글고 얇게 빚는다. 이후 한쪽 귀퉁이를 길게 늘여서 커다란 나뭇잎 모양으로 편 후에, '탄두르'라는 흙으로 만든 화덕 안벽에다가 턱 붙여놓으면 겉면이 부풀어 오르면서 구워진다. 그것을 떼어내어 식탁에 올린다.

이러한 빵들을 주식으로 삼아 우유와 요구르트로 만든 음료인 '라시'를 곁들여 먹는다. 인도사람들은 쇠고기는 먹지 않지만, 우유를 비롯하여 우유로 만든 요구르트, 버터, 치즈 등을 먹는다. 우유를 발효시켜 만든 요구르트에 향신료와 과일 따위를 넣어 맛을 낸 라시는 난과 함께 즐기는 인도의 전통 음료다.

터키에서도 난과 비슷한 빵을 먹는다. 반죽을 둥글넓적하게 빚어서 화덕 안쪽 벽에 붙여서 익혀 먹으며, 고기와 채소 등 다양한 식재료를 긴 꼬챙이에 꽂아서 화덕에 익혀서 빵에 얹거나 싸먹는 방법까지 비슷하다.

난은 원래는 화덕에 굽지만, 화덕이 없으면 없는 대로 프라이팬이나 에어프라이어, 오븐 등으로 요리할 수 있다. 하지만 프라이팬에서 굽는 순간, 정통적인 의미의 난은 아니게 된다. 또 하나 중요한 건 밀가루 종류다. 반드시 정제한 강력분 밀가루로 만들어야 쫄깃한 제맛이 난다.

난을 만들기 위해선 발효 과정도 중요하다. 일차 반죽 후에는 이스트가 발효하도록 약간 따뜻한 곳이나 실온에 두어야 한다. 원래는 밀가루, 소금, 이스트, 물 정도가 재료였으나, 요즘엔 입맛에 따라 우유나 버터를 반죽에 사용하기도 한다. 이렇게 하면 풍미도 좋아지지만, 프라이팬에 별도의 기름을 넣지 않아도 빵이 쉽게 타거나 눋지 않는 장점이 있다. 마늘 난이나 버터 난도 어렵지 않다. 마늘 다진 것을 표면에 얹어 구우면 갈릭 난이 되고, 거의 다 익은 난에 버터를 발라주면 버터 난이 되니까 말이다.

난과 비슷한 빵으로 '차파티'가 있다. 난은 정제한 밀가루를 사용하는 반면, 차파티는 정제하지 않은 파키스탄산 통밀가루인 아타가루로 만든다. 겨만 벗겨낸 통밀가루를 반죽하여 만들기 때문에 희지 않고 마치 현미처럼 색깔이 있다. 미숫가루보다 색이 짙고 수수 부꾸미보다는 밝은, 살짝 갈색빛이 도는 베이지색쯤 된다. 정제 밀가루로 만든 것보다 조금 거친듯한 식감이 있지만 나름 구수하고 담백한 맛이 난다. 인도, 파키스탄, 이란 등지에서 많이 먹으며, '타와' 또는 '타바'라고 부르는 넓은 프라이팬에 굽는다.

밀가루를 반죽하여 굽는 플랫브레드인 것은 같지만, 난은 이스트를 넣어 반죽을 발효시키는 데 비해 차파티는 효모나 이스트를 사용하지 않는다. 한편 비슷하게 생긴 빵으로 '파라타'도 있다.

'파라타Paratha'라는 말은 '구운 빵 반죽'이라는 뜻을 지닌 '파라트parat'라는 단어와 통곡물 밀가루를 가리키는 단어인 '아타atta'가 합쳐져서 만들어진 단어다. 현대 인도, 스리랑카, 파키스탄, 네팔, 방글라데시, 몰디브, 미얀마 같은 나라에 널리 퍼져있는 빵이다. 밀가루 반죽에 정제한 버터인 '기ghee'를 발라 발효시키지 않고 페이스트리처럼 여러 겹으로 층이 생기도록 하여 납작하게 밀어서 굽는다. 인도식 정제 버터인 기가 낯설게 느껴질 수 있지만 쉽게 구할 수 있다. 버터를 녹여 그 아래에 가라앉는 흰 우유 부분을 제외하고 위에 고이는 노란 우유 지방만 이용하면 된다. '파라타'에는 '기'버터 특유의 기름지고 고소한 풍미가 있다. 납작빵이지만, 버터 때문에 먹을 때보면 크루아상처럼 여러 결로 찢어진다.

한편, 난과 차파티, 파라타 같은 납작빵은 아니지만, 작은 공 모양으로 밀가루 반죽을 뭉쳐서 기름에 튀겨낸 '푸리puri'라는 빵도 있다.

혼돈을 불러온 인도의 독립

인도 북부에서 주식으로 먹는 빵과 파키스탄이며 방글라데시의 빵이 거의 비슷하다. 인도, 파키스탄, 방글라데시 이 세 나라는 현재 국경을 접하고 있는 나라이기도 하지만, 원래 인도라는 하나의 나라를 이루고 수천 년을 살아왔기 때문이다. 그러니 세 나라의 식문화가 유사하고, 그 주식이라 할 수 있는 빵이 닮은 것은 당연한 일이다. 세 나라가 나뉜 것도 수십 년밖에 안 되었다. 사연은 이렇다.

오래도록 영국의 식민지로 탄압을 받아오던 인도가 제2차 세계대전 이후에 마침내 독립하게 된다. 오랜 염원이던 독립을 이루었으니 인도인들은 얼마나 감격스러웠겠는가. 하지만 독립한 인도에 행복이 샘솟고 꽃길이 펼쳐지지는 않았다. 오히려 혼돈과 비극이 펼쳐졌다. 힌두교와 이슬람교라는 두 개의 종교로 나뉘어 격렬한 대립이 이어지고 갈등으로 유혈사태가 벌어지기도 했다. 생각해보면 우리나라도 독립 후 좌우 이념논쟁으로 혼란스러웠다가 내전을 겪으며 남북으로 갈라지지 않았던가. 데자뷔가 느껴진다.

인도는 영국의 지배를 받고 있을 당시 이미 자와할랄 네루가 대표인 힌두교 중심의 '인도 의회'와 무하마드 알리 진나가 대표인 이슬람교 중심의 '이슬람 연맹' 두 세력으로 나뉘어 있었다.

인도 독립이 논의될 즈음 인도 내의 이슬람교도들은 인도가 독립하면 힌두교 중심의 나라가 될 것을 우려했다. 이에 1940년 이슬람 연맹의 대표 진나는 영국령 인도를 힌두 국가(인도)와 이슬람 국가

(파키스탄)로 나누자는 의견을 낸다. 그 결과 1947년 8월 영연방에 속한 자치령으로서 파키스탄이라는 새로운 국가가 탄생했으며 진나가 총독이 되었다.

영국 직할 지역이었던 곳에서 종교별 인구를 고려하여 다수의 종교를 모아 묶어 국경을 정했다. 그 결과 힌두교도들은 인도에, 그 외의 이슬람교도는 인도의 북서부와 북동부 두 곳으로 나뉘게 되었다. 인도 정부는 국경선이 발표된 이후 단 40일의 말미만 주고 이동을 명한다. 아수라장이 될 것은 불을 보듯 뻔했다. 평화 시에 한 가족이 이사하려 해도 해결하고 정리해야 할 일들이 적지 않은데, 혼란기에 나라 전체가 종교 때문에 이주해야 했으니 그야말로 인류 역사상 가장 큰 규모의 대탈출이 일어나게 된다. 이슬람교도는 파키스탄으로, 힌두교도와 시크교도는 인도로 자리를 옮겼다. 자신의 종교와 들어맞는 곳에 살게 된 주민들은 다행이지만, 아닌 경우에는 정신없이 짐을 꾸려 떠나야 했다. 그간 일군 논밭이고 직장이고 가축이고 이웃을 두고 말이다. 어영부영하다가 다른 종교인들에게 무슨 화를 당할지 모르기 때문이었다.

이 혼란 속에서 수없이 많은 사람이 희생을 당했다. 당대의 혼란스러움을 반영이라도 하듯 이주자와 희생자의 기록도 천차만별이다. 일단 이주자만 1,000만 명이 넘었고, 사망자는 25만 명이란 기록에서부터 100만 명이 넘는 희생자가 발생했다는 기록까지 있다. 시대적 혼란과 증오에 따른 대학살극이 펼쳐졌고 대략적인 통계조차 집

계가 되지 않았음을 짐작할 수 있다. [1]

심하게는 영국이 떠난 1년 이내에 1,500만 명 이상이 자신이 살던 곳을 버리고 이주했고, 그중 100만~200만 명이 죽었다는 기록까지 있다. 그들의 이동수단은 주로 기차였는데, 거기서 대량학살이 자행되었다. 이주민을 가득 실은 기차는 목적지에 가기 위해 국경을 통과해야 했는데, 통과 절차를 위해 기차가 멈추면 승객 모두가 학살되곤 했다. 오직 운전사만 살려두었는데, 그것은 시신을 가득 실은 기차를 학살자들이 원하는 목적지까지 운전할 사람이 필요했기 때문이었다.

이렇듯 문제가 커지고 악화된 데는 영국의 책임이 컸다. 식민통치를 쉽게 할 요량으로 영국이 일부러 힌두교와 이슬람을 갈라놓기도 했고, 영국이 인도에서 철수하면서 인도를 나눌 때도 세심하지 못했다. 이슬람과 힌두교라는 종교적 차이로 그저 지도를 보고 대충 선 긋듯 했다. 어차피 떠나기로 한 나라에서 하루바삐 손을 털고 싶었는지, 인도 국민의 운명이 걸린 중차대한 일을 하면서도 지나치게 서둘렀다. 이후 대량학살이 자행되는 것을 알고도 영국은 신경 쓰지 않았다. 하긴 인도에 대해 세심하게 신경 써줄 요량이었으면 애당초 인도를 식민지화하지도 않았을 것이고, 인도인들을 영국의 전쟁터로 내몰지도 않았을 것이다. 또, 세계 대전 때 영국 군인들의 전투식량용 곡물을 차출하느라 400만 명의 벵갈인들이 굶주려 죽어가도록 두지

---

1) 《세계의 분쟁 바로 보기》 오쓰카 가즈오 외, 다시, 2003

도 않았을 것이다. 뭘 바라겠는가. 제국주의 국가들이 행했던 악행과 수탈은 익히 알고 있지 않은가. 그런 식이었다.

하나에서 갈라진 세 나라

1919년 영국이 암리차르에서 집회하던 비무장 인도 시민들에게 무차별 사격을 자행했다. 이 암리차르 대학살을 기폭제로 삼아 드세어진 독립운동은 1920년 마하트마로 추앙되던 간디의 시민 불복종 운동인 '사티아그라하 운동'을 근간으로 하여 범국민적인 차원으로 진행되어, 1947년 8월 15일 드디어 독립을 성취한다. 그러나 이 독립은 초대 수상으로 취임한 힌두교 세력의 지도자인 네루가 이슬람 세력의 지도자 무하마드 알리 진나의 압력에 굴복, 영국 측이 제시한 힌두교권과 이슬람권의 분리 독립안에 동의하여 이루어지게 된 독립이어서 인도에 의해 동서로 분리된 파키스탄이라는 이슬람 국가도 동시에 탄생하게 되었다.

1947년에 인도와 파키스탄이 영국의 식민지에서 독립하던 시기와 마주치게 된다. 당시 영국은 인도를 독립시키게 되는데, 인도의 문화나 종교 인종 등에 대한 폭넓은 지식 없이 짧은 시간에 분할을 결정하게 되면서 여러 문제를 만들게 되었다.

간디는 인도의 분리 독립을 반대했다. 영국이 물러가고 인도에서 파키스탄이 분리되고 유혈사태가 이어지자 간디는 낙담하고 안타

까워했다. 그러던 중 1948년 1월 30일, 간디는 힌두교 광신자에 의해 암살당한다. 양 종교 간의 화합을 원하며 어떻게 해서든 하나의 국가로 나아가길 염원했던 간디가 암살로 세상을 뜨자 양 종교 간에 대립이 더욱 심해졌다. 갈등과 분쟁이 걷잡을 수 없이 커졌고 결국 인도를 사이에 두고 서쪽과 동쪽으로 나뉘어 서파키스탄과 동파키스탄이 된다.

파키스탄은 '순수한 나라'라는 뜻이다. '스탄'이란 말 자체가 '나라'란 뜻이다. 중앙아시아에 몰려있는 카자흐스탄, 우즈베키스탄, 키르기즈스탄, 아프가니스탄 등과 같은 스탄 계열의 나라들처럼 말이다. 파키스탄의 초대 총리는 무하마드 알리 진나가 맡게 된다.

파키스탄은 인도 북서부의 펀자브주를 비롯한 5개의 주로 구성된 나라다. 이곳으로부터 1,600킬로미터나 떨어져 있던 동벵갈 지역에 동파키스탄이 들어서게 된다. 파키스탄은 인도 영토를 사이에 두고 지리적으로 서로 멀찌감치 떨어진 동파키스탄과 서파키스탄으로 이루어졌다.

펀자브와 뱅골을 중심으로 각각 동서로 나누어진 파키스탄은 평화롭지 못했다. 이슬람교도라는 종교적 공통성 때문에 하나의 나라로 묶이긴 했지만, 거리상으로도 너무 먼데다 인종도 다르고 언어도 달랐다. 게다가 동파키스탄인들의 소외감과 박탈감이 컸다. 동파키스탄은 비옥한 토지의 농토가 많아 농업에 주력했는데, 서파키스탄이 정부의 요직을 차지하고 군대와 국가산업을 통제하게 되자 동파키스탄의 벵갈인들은 서파키스탄으로부터 푸대접을 받는다고 여겨 분개했다.

이로 인해 독립 후 지속적으로 분쟁과 반란이 이어지다가 1971년 내전이 발발했다. 동파키스탄과 서파키스탄 사이의 전쟁이 시작된 것이다. 서파키스탄이 동파키스탄으로 군대를 보내 진압하려 하자, 유혈사태를 겁낸 동파키스탄인들은 자신들의 국경 서쪽에 있는 인도로 몰려갔고, 인도에 도움을 요청했다. 이에 인도군이 서파키스탄 군대를 상대로 싸워서 인도가 승리하게 되고, 그 결과 동파키스탄은 서파키스탄과 결별하고 방글라데시라는 독립국을 세우게 되었다. 방글라데시는 '벵골어로 말하는 나라'라는 뜻이다.

파키스탄의 측면에서 보면 동파키스탄도 밉지만, 가운데 끼어들어 나라가 쪼개지도록 도운 인도가 더 미웠을 것이다.

인도라는 하나의 나라에서 갈라져 나온 세 나라, 인도, 파키스탄, 방글라데시는 분리 독립 이후에도 첨예하게 갈등하며 서로 으르렁대고 있다.

종교적 이질성으로 시작된 카슈미르 분쟁은 점차 인도-파키스탄 및 인도-중국 간의 국경 분쟁 성격을 가지게 되었다. 그리고 인도 측을 지원하는 러시아(소련), 파키스탄을 지원하는 미국과 중국 등의 개입으로 국제관계 역시 복잡하게 얽혀 해결의 실마리가 보이지 않는 실정이다.

독립과 분리 이후에도 종교 갈등과 영토분쟁 등을 겪으며 심각한 대립을 겪고 있는 인도, 파키스탄, 방글라데시. 하지만 오래도록 공유해온 입맛은 쉽게 갈라놓지 못했다. 세 나라 모두 여전히 서로 비슷한 난, 차파티, 파라타와 같은 빵을 즐겨 먹는 식문화를 공유하는 만큼 각자의 다름보다는 같음에 중점을 두고 접근하면 좋겠다. 그러면 갈등이나 긴장은 지금보다 많이 누그러들지 않을까 싶다. 문제해결까지는 요원하더라도 말이다. 하긴 뭐. 훈수 둘 처지가 아닌 것 같긴 하다. 떡국, 송편, 냉면, 김치 등 오랜 식문화를 공유하면서도 공존하기가 쉽지 않은 북한과 우리나라의 관계를 생각해보면 말이다. 입맛이 쓰다.

제 2 장

사워도우

flat bread · sough dough · pizza · macaron · egg tarte

자연이 만들어낸 발효빵

제과점에 가면 가끔 '사워도우sour dough'라는 제품명이 적힌 둥글고 큼직한 빵을 보게 된다. 사워도우란 천연발효종을 사용하여 반죽하고 숙성시켜 구운 빵을 말한다. 처음에 명칭만 보면 '시큼한 반죽이라니 뭐지?'라고 생각할 수 있지만, 반죽을 천연 발효시키면 효모뿐 아니라 유산균이 작용해 초산이 생기기 때문에 빵에서 시큼한 천연발효종 특유의 향이 난다. 그래서 사워도우라 부른다. 그렇다고 그 신맛이 역하거나 강하지는 않다. 일반 발효빵보다 약간 신맛이 느껴지는 정도다. 소박하고 단순한, 몸에 좋을 것 같은 그런 냄새와 맛이 난다.

우유나 달걀, 버터 없이 그저 밀가루와 소금, 그리고 물과 천연발효종만 넣어 만든 빵인 사워도우는 고대 이집트시대부터 크게 발전했다. 1장에서 소개한 메소포타미아지역의 플랫브레드는 지리적으로 멀지 않은 이집트에 전래되었고, 이집트에선 발효빵을 개발하여 널리 퍼져나갔다.

이집트 문명에서도 상형문자를 사용하여 기록하는 서기관들의 사회적 대우가 좋았다. '문자로 기록한다'라는 것은 굉장한 일이었다. 선사시대와 역사시대를 가르는 기준도 문자의 유무에 있지 않던가. 이외에도 이집트 문명에서는 태양력을 만들고 천문학과 기하학과 법률도 발전했다.

이집트를 '나일강의 선물'이라 했던 고대 그리스 역사가 헤로도토스의 말처럼, 나일강은 이집트 문명을 키워낸 젖줄이었다. 사실 이집트에는 비가 거의 오지 않아서 국토의 거의 96퍼센트가 사막이고, 농지로 이용할 수 있는 땅은 국토의 2.6퍼센트에 불과했다. 세상에서 제일 길다는 나일강이 이집트를 가로지르며 흐르지 않는다면, 이 나라는 그냥 거대한 사막이었을 게다. 다행히 나일강 유역의 폭 8킬로미터에서 16킬로미터 지역의 좁고 기다란 곡창지대가 있어서 이집트인들의 생명을 지탱해 줄 수 있었다. 이집트인들은 이 나일강의 범람 주기와 시기, 그 치수 기술을 위해서 달력과 천문학과 수학이 필요했고, 범람 후 원래의 농지를 구획 짓기 위해 기하학이 필요했다. 나일강이 이집트 문명의 알파요 오메가였던 셈이다. 메소포타미아 문명에서 티그리스와 유프라테스강이 중요했던 것처럼 말이다.

이후, 이십트에서는 기원전 2000년경부터 나일강 유역의 비옥한 땅에서 수확한 풍부한 밀과 보리로 반죽하고 공기 속의 효모를 활용하여 천연발효종 빵을 만들었다. 이집트인들은 나일강의 진흙을 이용해서 항아리나 화분 모양의 그릇을 빚어 사용했는데, 그 안에 빵 반죽을 넣은 뒤 불 위에 익혀서 부드럽게 부푼 빵을 만들었다. 그 빵으로 또 맥주를 빚어 먹기도 했다. 피라미드가 건축되던 이집트 고왕국시대의 '티의 무덤' 속에 그려져 있는 벽화에는 곡식 가루를 반죽하여 다양한 형태의 빵을 만드는 모습들이 자세히 그려져 있다.

벽화에는 곡식 가루로 반죽하는 모습과 불 위에서 빵을 부풀게 구워내는 등 다양한 모습이 그려져 있다. 그래서 납작빵 외에도 발효를 거쳐 부푼 형태의 빵이 대량으로 생산된 때는 고대 이집트로 본다.

그런데 궁금하지 않은가? 오늘날처럼 이스트나 베이킹소다(탄산수소 나트륨)도 없던 당시에 그들은 어떻게 발효 방법을 알게 됐을까? 아마도 우연이 작용했을 것이다. 보릿가루나 밀가루에 약간의 소금과 물을 섞어 반죽을 만들어놓았을 때, 갑자기 급한 일이 생겼거나 아니면 잠시 잊고 내버려 두었는데 공중의 야생 효모 세포가 반죽에 정착하여 자라면서 작은 이산화탄소 거품이 생기고 그로 인해 반죽이 부풀어 올랐을 것이다. 뒤늦게 부푼 반죽 덩어리를 발견한 반죽 주인은 놀랐을 것이다. 그러면서 생각했을 테다.

'우와 반죽이 커졌네. 신난다'였을까, 아니면 '이런! 반죽을 다 망쳐 버렸네. 속상해라'였을까? 어느 쪽이든 반죽을 구웠을 것이다. 요즘처럼 밀과 곡식이 흔한 시대가 아니었으니 반죽을 버리는 것은 상상도 못 할 일이다. 그런데 그렇게 구워진 빵은 모양이 한껏 부풀어 올라 일견 놀랍고 수상하게 보였을 테지만 냄새는 꽤 먹음직스러웠을 게다. 조심스레 빵을 한입 베어 먹어보고는 놀랐을 것이다. "웬일이래? 부드럽게 입에 녹는 게 기막힌 맛이잖아!" 그렇게 공기 중에 떠돌던 효모(이스트)가 빵 반죽에 들어가 빵의 풍미가 좋아진 것을 우연히 알게 된 이후부터는 빵을 굽기 전에 일부러 반죽을 공기 중에 두었다가 빵을 굽게 되었으리라.

피라미드 건설노동자들의 급여는 빵과 맥주

고대 이집트의 곡물창고가 있었던 룩소르에는 당시 빵을 만들던 토기 유물을 쉽게 볼 수 있는데, 고대 이집트에서 제조된 빵의 종류만도 40여 가지가 넘었다.

이집트는 시대별로 고왕국(기원전 2700년~기원전 2200년), 중왕국(기원전 2050년~기원전 1800년), 신왕국(기원전 1550년~기원전 1100년) 시대로 나누는데, 고왕국시대에 이집트 통치자를 파라오라 불렀다. 파라오는 현세의 신으로 받들어져서 절대권력을 행사했으며 왕국의 모든 땅을 소유하고 다스렸다. 흔히 이집트 문명이라면 피라미드를 떠올리곤 하지만, 피라미드가 건축된 시기는 고대 이집트 문명의 황금기였던 고왕국시대뿐이었다.

고왕국시대를 대표하는 유적이 파라오들을 위한 영원의 무덤이라 알려지는 피라미드다. 이집트인들은 내세를 믿었기에 지도자의 몸을 미라로 만들어 그 몸을 잘 보존했고 새로운 삶을 사는 데 부족함이 없도록 필요한 모든 것들을 피라미드 안에 함께 넣었다. 피라미드 안에 각종 진기한 금은보화와 가구며 악기 등을 부장한 이유가 거기 있다.

피라미드 중에서도 지금의 기자지역에서 볼 수 있는 쿠푸왕의 피라미드는 세계 최대 규모다. 고대의 '7가지 불가사의' 중 하나로 일컬어지는 쿠푸왕의 피라미드는 파라오인 쿠푸왕을 위해 기원전 2600년경에 만들어진 것으로, 바닥이 52,600제곱미터에 달한다. 축구장의 5배가 넘는다. 거기다 높이는 146미터에 달해 약 230만 개 이상의 화강암 덩이를 벽돌처럼 쌓아 만들었다. 게다가 각각의 바윗덩이 무게가 2.5톤쯤 될 만큼 육중했다. 오늘날처럼 트럭이나 거중기 같은 게 없었기에 일꾼들은 손으로 일일이 돌을 다듬고 그것을 통나무를 이용해 굴리고 끌었으며 흙으로 경사로를 다져서 돌을 들어 올린 것으로 추정된다. 어떻게 그런 작업이 가능했는지 상상이 안 될 지경이다. 그렇게 열악한 작업 환경 속에서도 피라미드를 얼마나 정교하게 쌓아 올렸는지 돌덩이들 틈으로 칼날도 하나 들어가지 않는다고 한다. 대규모 건축을 그토록 정교하게 만들자니 피라미드 쌓는 일은 오랜 시일이 걸렸다. 그래서 종종 파라오들은 권좌에 앉자마자 바로 자신의 무덤 짓는 일을 시작하곤 했다.

피라미드를 건설했다는 것은 그만큼 고대 이집트 고왕국시대의 문명이 발달했다는 방증이다. 피라미드 건설은 어마어마한 계획과 조직적인 인력, 그리고 엄청난 돈이 필요한 사업이었다. 약 10만 명의 일꾼이 20년 가까이 일했던 것으로 추정된다. 기술을 가진 건축가들은 물론 많은 일꾼, 농한기 때의 농부들 등 수많은 사람이 피라미드를 짓기 위해 일했을 것으로 보인다. 그렇다면 그 많은 피라미드 건축노동자들은 무엇을 먹고 그 힘든 육체노동을 감내했을까?

그에 대한 답은 피라미드 건설 현장 인근에서 발견된 대규모 빵굽터와 양조장에서 찾을 수 있다. 빵굽터 유적지에서 발효빵을 만드는 데 사용되었을 발효균이 여러 번 발견됐다. 천연으로 배양한 발효종을 이용해 발효빵을 만든 것으로 추정된다. 당시 빵굽터에는 양조장이 함께 있어서 빵 반죽에 술을 넣거나 술을 빚을 때 나온 효모가 공기 중에 떠돌다가 반죽에 들어가 발효가 이루어졌을 가능성이 크다.

고대 이집트는 파라오를 정점으로 하는 계급사회였기에 빵 배급에도 차이가 있었다. 파라오는 하루 1,000개의 빵을 진상 받았고, 계급에 따라 받는 빵의 개수도 달랐다. 또한, 피라미드 건설에 동원된 노동자들은 자신들의 노동에 대한 대가로 빵과 맥주를 급여로 받았다. 제빵소와 양조장이 함께 있는 이유를 알 것 같다.

한때 피라미드 건설에는 노예가 동원되었다고 알려진 적이 있었다. 고대 이집트가 배경인 옛날 영화에는 피라미드 현장 감독관이 노동자들을 향해 사정없이 채찍을 휘두르는 장면이 등장하곤 했던 것도 그래서였다. 하지만 토리노 파피루스 문서가 발견된 이후, 람세스

3세가 재위한 지 27년째 되던 해(기원전 1152년)에 급료인 빵을 제때 받지 못한 100여 명의 노동자가 모여 파업했다는 기록을 발견하게 된다. 이후 기존의 역사는 수정되었다. 급료를 받고 일하는 지위라면 노예가 아니라 노동자가 되니 말이다. 그래서 요즘에는 피라미드 건축 현장에 동원된 사람들이 주로 일반인들이었다는 것이 정설로 받아들여지고 있다. "하나의 발견으로 모든 교과서가 다시 쓰일 수 있다.[2]"는 말처럼, 고고학적으로 새로운 발견을 하게 되면 역사는 언제든지 바뀔 수 있다. 헤로도토스나 곰브리치의 글이라 하더라도 말이다. 그런 만큼 현재 알려진 지식을 맹신하기보다는 언제든 바뀔 수 있는 여지가 있음을 알고 잠정적으로 받아들이는 자세가 바람직하겠다.

빵이 부족하여 소요사태로 이어진 일은 역사적으로 어제오늘의 일이 아니었다. 고대 이집트에서는 물론, 1789년의 프랑스혁명도 현대의 중동사태(1977년 이집트의 빵 폭동, 2010년 시리아의 재스민 혁명 등)도 다 빵을 구하기 힘들어진 민중의 불만이 터져 나온 것이다. 그만큼 먹고사는 일은 엄중한 일이다.

다시 과거로 가서 피라미드 공사에 동원된 노동자를 위해 매일 얼마나 많은 빵이 필요했을지를 상상해보자. 수백 개? 수천 개? 피라미드 건설 현장 가까이 있는 빵굽터에서는 건설노동자들을 먹일 빵이

---

2) 《과거를 쫓는 탐정들》 로라 스캔디피오, 창비, 2020

쉼 없이 구워졌을 것이다. 그 많은 양의 빵을 어떻게 구웠으며 빵의 모양과 맛은 어땠을까?

고대 이집트의 피라미드 건설 현장의 빵굽터에서는 원뿔형의 토기와 빵 덩어리들이 출토되었다. 그런데 왜 하필 빵 모양이 원뿔형이었을까? 둥글거나 타원형, 또는 네모나 세모 모양은 쉽게 상상할 수 있어도 빵을 원뿔형으로 만드는 건 쉽게 상상하기 어렵다. 하지만 이는 당시의 빵 제조법을 알면 쉽게 이해가 된다. 고대 이집트에서는 빵을 만들 때 마치 화분이나 빗살무늬토기처럼 생긴 빵틀 안에 곡물가루와 물을 섞어 만든 반죽을 넣고 또 다른 토기를 마주 엎어서 잠시 두어 반죽이 부풀게 한 뒤에 불 위에 얹어 구웠다. 그리고 다 구워지면 두 토기를 분리하여 익은 빵을 꺼내는데, 토기의 모양대로 부풀어서 원뿔형에 가까운 모양이 되는 것이다.

발효빵의 효모로는 양조장에서 빚은 맥주가 쓰였을 것이다. 이집트의 피라미드 건축 현장에서 발견된 대규모의 빵굽터와 인접한 맥주 양조장 터가 그 증거다. 술을 빚을 때 나오는 누룩과 그 효모균으로 발효빵을 만들었을 것이다. 이집트에서만이 아니다. 오늘날의 프랑스에 해당하는 가울 지역에서는 이베리아인들이 맥주 거품을 사용해 '다른 사람들보다 가벼운 빵을 만들었다'는 기록이 있다. 여기에는 빵을 부수어 공기 중의 효모와 결합해 맥주를 만들었다는 설과 맥주에 있던 효모가 빵 반죽에 우연히 들어가 발효빵이 시작되었다는 두 가지 설이 있다. 당시 맥주나 빵 모두 보리를 이용해서 만들었다.

맥주가 이집트에서 시작된 것으로 아는 사람이 있지만, 기원전 1100년경 쓰여진 것으로 추정되는 〈길가메쉬 서사시〉에도 맥주를 마셨다는 기록이 있는 것으로 보아 맥주는 그 이전부터 존재했다. 그러므로 맥주를 빚을 때 발생한 누룩으로 발효빵을 만드는 방법은 수메르제국 때도 있었을 가능성이 높다.

당시에는 보리를 경작하여 보리로 빵을 만들어 먹고 그 빵을 부수어 발효시켜 맥주를 만들어 마셨다. 오늘날처럼 노랗고 투명한 맥주가 아니라, 제대로 걸러지지 않아서 빵 부스러기가 떠 있는 좀 묽은 시리얼 죽 같은 형태였다. 그래서 액체만 거르기가 쉽지 않아서 지푸라기와 같은 식물의 줄기를 빨대 삼아 빨아 먹었을 것으로 추측된다. 특이한 것은 당시에는 맥주를 따뜻하게 먹었다는 것이다. 이집트 벽화에도 커다란 항아리에 빨대 몇 개를 꽂아놓고 앉아있는 사람들의 모습이 그려져 있다. 포도를 이용해 와인을 빚기도 했지만, 그것은 신분이 높고 부유했던 사람들의 몫이었다. 이집트인들은 맥주를 이용해서 빵을 발효시켰지만, 와인을 마시던 지역에서는 포도주를 담글 때 쓰이는 밀기울을 효모원으로 사용했다.

마중물이 필요한 발효빵 반죽

고대 이집트인들이 먹었던 빵은 어떻게 생겼고 어떤 맛이었을까? 1990년에 피라미드 근처에서 빵굽터가 발견됐다는 신문기사를 접한 미국의 우드 박사는 이집트로 가서 5,000년 전 고대 이집트인들이 먹었을 빵을 당시의 방식으로 재현하는 데 성공했다. 그는 기자 지역의 고대 피라미드 근처 빵굽터 발굴지에서 종균을 채취하고 당시의 빵틀을 이용해 고대 이집트인들의 빵을 재현했다. 이후 그는 평생 천연 발효빵을 연구해왔다.

2019년 여름에는 물리학자 겸 비디오 게임기 제작자인 시무스 블래클리와 그의 팀이 4,500년 전 고대 이집트시대의 빵을 재현했다. 고대에 빵과 맥주를 담던 몇 개의 진흙 항아리에서 효모와 박테리아를 추출한 후, 효모가 활동하도록 밀가루와 물을 공급하고 이후 올리브유와 더 많은 곡물가루를 섞어 반죽을 만들어 현대식 오븐에서 구워 근사한 빵을 만들어냈다. 마치 타임머신을 타고 고대 이집트로 돌아가 체험하는 것처럼 매혹적이지 않은가?

고대 이집트인들은 화분을 닮은 커다란 원뿔형의 그릇을 '빵 주형' 또는 '빵틀'로 삼아 그 안에 반죽을 넣고 반죽이 부풀 때까지 한동안 놔뒀다. 무엇이 어떻게 반죽을 부풀리는지는 몰랐지만, 어느 정도의 시간이 지나면 반죽이 부풀어 오른다는 것은 경험으로 알고 있었기 때문이다. 이런 자연발효 방식은 온도와 습도에 따라 효모 발생에 차이가 나기 때문에 계절과 날씨, 낮과 밤에 따라 결과가 달라졌을 것이다.

어떤 날에는 공기 중에 효모가 없어서 제대로 된 빵을 만드는 데 실패하기도 했을 것이다. 그러던 어느 날 누군가가 한번 부풀어 오른 반죽을 빵으로 만들 때 전부 사용하는 것이 아니라 반죽 일부를 따로 떼어 두었다가 다음 반죽을 만들 때 합쳐서 사용하면 새 반죽이 잘 부풀어 오른다는 사실을 발견했을 것이다. 이후 빵을 만들 때면 약간의 반죽을 남겨두게 되었고, 세월이 흐르면서 그 남겨두는 반죽을 '레븐'이라는 별도의 이름으로 부르게 되었다. 오늘날의 시동기(스타터)의 역할을 하게 된 것이다.

집에서 요구르트를 만들어본 사람들은 이 스타터의 개념을 쉽게 이해할 것이다. 일반 우유에 요구르트를 조금 넣어서 일정 시간이 지난 뒤에 보면 약간의 요구르트가 스타터의 역할을 하여 우유 전체가 요구르트로 변해있듯이, 빵 반죽도 약간의 발효 반죽이 새로운 반죽 전체를 천연 발효 반죽으로 만들어 준다. 그러니까 인류는 상업용 효모가 발명되기 전, 수천 년 동안 오늘날 사워도우를 만들 때 흔히 말하는 스타터(첫 반죽) 개념을 이미 알고 사워도우 빵을 먹어 온 셈이다. 천연 발효로 부풀어 오른 반죽 일부를 새 반죽의 시동기로 활용하는 방식은 오늘날에도 발효빵을 만들 때 여전히 사용되는 방식이다.

하지만 발효빵을 먹는 것과 그 발효의 구조에 대해 아는 것은 별개의 문제였다. 사람들이 발효방식을 터득하는 데까지 꽤 오랜 시간이 걸렸다. 1800년대 후반에서야 비로소 인류는 효모나 박테리아 때문에 빵 반죽이 부풀어 오른다는 것을 알게 되었고, 이후 여러 과학자가 상업용 효모를 만들어 팔았다. 상업용 효모를 사용하면 제빵 시간이 많이 단축되어 편리하긴 하지만 자연에 의존한 사워도우보다 풍미는 떨어지게 된다.

중세시대의 빵 굽기는 험난한 과정이었다

고대 이집트의 풍성한 빵 이야기를 하다 보니 인류가 늘 빵을 풍족하게 먹었을 것 같은 생각이 들지만 사실 일반인들은 귀리 죽, 오트밀, 뽀리지라고 하는 곡물죽을 많이 먹었다. 영국의 전래동화 〈골디락스와 세 마리 곰〉을 보면, 곰 가족이 뜨거운 뽀리지를 그릇에 담아두고 그것이 식을 때까지 산책을 위해 집을 나서는 것으로 시작한다. 어렸을 때 '뽀리지'가 뭘까 궁금했던 기억이 난다. 뽀리지는 오트밀이든 보리든, 호밀이든 하여간 자신이 사는 곳에서 가장 흔하게 구할 수 있는 곡식에 물을 넣어 끓인 죽이다. 혹은 채소나 푸성귀 같은 것을 넣어 끓인 수프를 말하기도 한다. 여기서 알아둬야 할 것은 야채 수프라고 해서 감자나 옥수수, 토마토가 듬뿍 들어간 그런 영양식이 아니라는 것이다. 감자, 옥수수, 토마토는 전부 1492년 콜럼버스가 아메리카대륙을 발견한 이후, '콜럼버스의 교환'이라고 부르는, 유럽과 아메리카대륙간의 문물 교류가 행해진 이후에야 유럽에 소개되었다. 그리고 유럽에 들어온 이후에도 낯선 것에 대한 선입견 때문에 오래도록 먹지 않았다.

그러니 이전에는 야채수프래야 잘하면 렌틸콩, 무, 당근, 양파 정도가 들어가는 것이 전부였다. 하여간 참 초라하고 단순한 식탁이었을 것이다. 동화 〈라푼젤〉을 보면, 임신한 여인이 양배추를 너무 먹고 싶어하자 남편이 양배추 서리를 하러 마녀의 채소밭에 들어갔다가 훗날 딸아이를 뺏기는 혹독한 대가를 치르게 되는 내용이 나온다. 하잖은 푸성귀 하나 먹겠다고 그리 무리수를 두었나 싶지만, 당시의 초라한 먹거리를 생각하면, 특히 특정 음식에 끌리는 임산부의 마음을 고려하면 이해가 될 것 같기도 하다.

그럼 서민들은 왜 빵을 주식으로 하지 않았을까? 일단 빵을 먹으려면 보리든 밀가루든 호밀가루든 곡식이 꽤 많이 있어야 한다. 서민들 중에 곡식이 풍족한 사람은 많지 않았다. 농업혁명이 있기 전에, 종자 개량도 되어있지 않았고 공장에서 나온 비료도 없던 시절엔 수확량이 오늘날과 비교해 턱없이 적었다. 게다가 곡식이 있다 한들 바로 빵이 되는 것도 아니다. 일단, 그것을 빻아야 한다. 오늘날에야 어디서든 쉽게 제분된 밀가루를 구할 수 있지만, 중세 아니 근대까지도 집에서 맷돌을 돌리거나 절구질을 해서 빻거나 아니면 제분소로 가져가서 빻아야 했다. 당연히 제분소를 이용하면 빻는 삯을 내야 했다.

그렇게 빻은 밀가루를 반죽한다 치자. 그다음엔 또 구울 일이 남는다. 전기 오븐이 있을 리 만무한 당시에 그들은 어디서 빵을 구웠을까? 그렇다. 화덕이다. 화덕에 빵을 구워야 하는데, 일반 민중들에겐 집에 화덕이 없는 경우가 많았다. 그래서 마을 공동화덕을 이용했다. 이때도 따로 비용이 든다. 만약 공동화덕이 아닌 개인이 돌이나 벽돌을 쌓아 화덕을 만들었다 치자, 그렇다고 그걸로 끝이 아니다. 화덕을 만들었다면 화덕을 달구기 위해 나무가 있어야 한다. 좀 부지런히 몸을 놀려서 아무 산에나 가서 나무를 베어오거나 잔가지를 주워오면 될 것으로 생각하면 오산이다. 중세에는 영주가 있는 봉토를 단위로 그 영주 아래에 민중들이 모여서 살아가는 봉건제 구조였는데, 영주의 땅 안에 있는 모든 것은 영주의 소유였다. 시냇물 속의 피라미 한 마리도, 사과나무에 열린 사과 한 알도 모두 영주 소유였다. 그랬기에 마음대로 나무를 가져올 수 없었다. 공유지의 숲에서 나무를 가져올 때에도 일정량을 영주에게 바쳐야했기 때문에 가난한 민중들에게 빵은 부담스러운 음식일 수밖에 없었다.

또 히니. 중세 영주의 성과 영지 그림을 자세히 보면 제분소나 제빵소(공동화덕)라고 쓰인 건물들을 볼 수 있다. 그것은 영주가 민중들이 사용할 수 있도록 마련해둔 공공시설이다. 그것을 영주의 애민정신의 결과라고 생각하면 또한 큰 오산이다. 그것은 영주의 배를 불리기 위한 하나의 사업체였기 때문이다. 민중들은 제분소나 제빵소를 이용할 때 반드시 영주에게 이용료를 내야 했다.

오늘날에도 세계에는 개인 화덕이나 오븐이 없어서 마을의 공동화덕을 이용하는 곳들이 많다. 빵을 주식으로 삼는 문화권이라 해도 그렇다. 넷플릭스의 문화 다큐멘터리 〈COOKED〉의 3부를 보면 빵과 관련된 영상이 나온다. 모로코의 한 마을에서는 수확한 밀을 가루로 빵을 때 빻은 곡물가루의 10퍼센트를 제분 삯으로 떼어주는 방식으로 마을의 제분소를 이용한다. 100년도 더 되었다는 큼직한 맷돌이 수차를 에너지원으로 하여 쉼 없이 돌아가고 있는 제분소였다. 그 밀가루를 이용해서 반죽을 만들어 열 개 가량의 반죽 덩이를 만들고 난 후엔 마을의 제빵소에 가져간다. 제빵사는 자정부터 아침 9시나 10시까지 커다란 화덕 앞에서 분주하게 빵을 굽는데 하루 평균 1,000개의 빵을 굽는다. 매일 빵을 주식으로 먹는 곳에서도 이처럼 아직까지 마을의 공용 제분소와 제빵소를 이용하는 경우가 있다.

건조효모의 대량생산이 가져다준 혜택

오늘날 빵을 구울 때는 흔히 건조효모를 쓴다. 워낙 간편하고 익숙하다 보니 오래전부터 그랬을 것처럼 오해하기 쉽다. 하지만 건조효모를 사용하기 시작한 것은 사실 70년도 채 되지 않았다. 그만큼 역사가 짧다.

미국의 경우, 식민지 개척자들이 아메리카대륙으로 진출할 무렵, 맥주를 빚을 때 나오는 누룩이 빵을 부풀리는 효모로 쓰였다. 이 효모는 종종 빵에 쓴맛이 나게 하기도 하지만 나름의 풍미를 만들어 준다. 사실 빵에 술을 넣어 부풀리는 것은 우리나라에서도 사용한 방식이었다. 50대 중반인 나는 어릴 적 보리 술빵이나 옥수수 술빵, 막걸리 빵과 같은 것을 맛본 기억이 있다. 강낭콩 몇 개가 박힌, 구수하고 담백한 맛이 일품인 보리 술빵을 시골 외할머니댁에서 몇 번 먹어보았는데, 오늘날처럼 주전부리가 흔치 않던 당시에는 정말 별미였다. 어떻게 만드느냐고 여쭤보았더니 막걸리를 넣어 솥에 쪄서 만든다고 하셨다. 막걸리 속의 효모를 이용해서 보리나 밀가루 반죽을 발효시켜 공기층이 많아 가볍고 부드러운 빵이 되었던 거다.

19세기 미국의 주부들은 양조장의 효모를 이용하는 것 외에도 효모를 만들기 위해 곡물, 밀가루 또는 삶은 감자를 으깨어 특수제작하기도 했다. 그들은 사워도우를 빵이나 비스킷을 만드는 데 사용한 것은 물론, 오두막집의 갈라진 틈을 메우고 상처를 치료할 때도 쓰고 가축의 먹이로도 쓰는 등 요긴하게 사용했다.[3]

이스트를 사용하여 간단하게 빵을 만들 수 있게 된 것은 19세기가 되어서였다. 19세기 오스트리아의 화학자들이 효모를 대량생산하는 시스템을 개발했다. 그들은 발효된 양주를 담은 통에 효모를 뿌려 대량으로 효모를 만든 뒤에 압력을 가해 물을 제거하고 고체 조각으로 만들어 바로 사용할 수 있게 만들었다. 이 효모를 건조효모 또는 독일 효모라고 불렀는데, 미국에서는 녹말, 분필, 점토 등이 섞인 가짜 효모들이 많이 나돌았다. 이에 찰스 플라이슈만이라는 오스트리아 출신 미국 이민자가 제대로 된 좋은 제빵용 효모를 만들어야겠다고 결심한다. 1863년 오스트리아로 돌아간 그는, 효모 세포를 구해

---

3) 〈고대 빵의 흥망성쇠〉 시카고 트리뷴

시험관에 넣고 그것을 조끼 주머니에 넣어 미국으로 돌아왔다. 이후 효모 세포를 키워서 1868년부터 압축 효모를 주석박에 싸서 팔기 시작했다.

제2차 세계대전 때 미국 정부는 전쟁터에서 빵을 만들 때 신속하고 간단하게 발효시킬 건조효모가 필요했고 1943년 플라이슈만 회사에서 처음으로 건조효모가 생산되었다. 전쟁이 끝난 후에는 건조효모가 일반 소매시장에까지 나와 팔리기 시작했고 지금은 건조효모가 홈 베이킹에 사용되는 가장 흔한 형태의 효모가 되었다.

발효의 원리를 밝혀낸 과학자

효모는 생물이어서 탄수화물을 먹으며 증식하는데, 그 탄수화물을 알코올과 기타 유기물로 분해할 때 발생하는 탄산가스가 빵 반죽을 부풀리게 한다. 이것이 발효의 매커니즘이다. 발효빵의 시작은 대략 기원전 3000년경으로 추정될 만큼 긴 역사를 가지고 있다. 하지만 공기 중의 균이 반죽과 반응하여 빵 반죽이 부풀어 오른다는 원리를 알게 된 것은 19세기 후반에야 가능했다. 17세기 말, 네덜란드에서 현미경이 발명된 이후 균을 볼 수 있게 되면서 빵을 부풀리는 효모균이 발견되었지만, 발효의 원리는 그로부터 또다시 200년이 흘러서야 밝혀졌다. 프랑스의 화학자 겸 미생물학자인 루이 파스퇴르에 의해서다.

1856년 대학에서 화학 교수로 일하고 있던 파스퇴르에게 양조업자들이 찾아온다. 애써 빚은 포도주가 쉽게 상해 시큼한 맛이 나서 낭패니 왜 그런 건지 원인을 밝혀 달라는 것이었다. 이에 연구를 시작한 파스퇴르는 부패나 발효가 미생물의 작용으로 생겨나는 현상임을 밝혀냈다. 그리고 그것을 활용해 포도주와 맥주를 상하지 않게 하는 방법까지 개발했다.

그뿐만 아니라 파스퇴르 살균법이라 불리는 저온살균법을 발명했으니, 오늘날 우유를 안전하게 마실 수 있게 된 것도 그의 덕분이다. 광견병 백신을 개발하고 닭 콜레라를 막은 것도 그였으니, 파스퇴르는 프랑스뿐 아니라 전 인류에게 보물 같은 과학자라 하겠다.

오늘날엔 건조효모나 베이킹파우더 등 공장에서 생산된 편리한 제품들이 얼마든지 있다. 하지만 굳이 불편을 감수하면서 자연에 가깝게 천연으로 빵을 만들고자 하는 사람들이 있다. 천연발효종을 이용한 사워도우 빵은 소화도 쉽고 맛있기 때문이다. 요즈음엔 건강, 웰빙, 소확행 등과 같은 트렌드에 맞추어 제과 제빵소에서도 직접 연구하고 만든 사워도우를 파는 빵집들도 있다.

사워도우를 만들려면 천연발효종이 있어야 하는데, 그것을 만들려면 처음에는 며칠이 걸린다. 스타터는 밀가루와 물만으로도 만들어지긴 하지만, 설탕, 소금, 우유, 감자 물, 누룩 등을 재료와 온도에 따라 하루나 이틀 이상 실온에 둔 후에 효모 대신 사용한다. 사용 후에는, 시작 냄비에 밀가루와 물을 보충하여 혼합물을 원래의 부피와 같도록 복원한다. 이러한 과정을 거치기 때문에 사워도우를 만드는 일은 꽤나 성가신 일이다. 그러므로 웬만하면 사워도우는 그냥 빵집에서 구매하는 게 간단하다. 하지만 빵 만드는데 관심 있는 독자라면 집에서 한 번쯤 만들어봐도 좋을 것이다. 처음 만들 때는 힘이 들겠지만 한번 만들어놓으면 그것을 스타터로 삼아 빵 반죽을 하면 되니 빵을 즐겨 먹고 건강한 빵에 관심이 많은 독자라면 한 번쯤 시도해봄직하다.

제 3 장

피자

빵의 세계화에 기여한 로마제국

오늘날 빵은 전 세계인이 즐겨 먹는다. 빵이 오늘날처럼 여러 나라로 전파된 데는 고대 로마의 영향이 컸다. 2장에서 초기의 얇고 납작했던 빵이 누룩을 만나 부드럽게 부푼 빵으로 만들어지는 과정을 살펴보았다. 하지만 그때까지만 해도 메소포타미아지역과 이집트 지역 내에 한정되었다. 그러다 고대 그리스에 이르러서는 모든 식사가 빵과 그것에 곁들이는 '그 밖의 것'으로 이루어지게 된다. 부자들은 당시에 생산되던 에머밀로 만든 '아르토스Artos'라는 빵을 먹었고, 서민들은 누룩을 넣지 않은 보리 떡인 '마자maza'를 희석하지 않은 포도주인 아크라티스에 적셔 먹었다.

그러다 고대 로마를 거치면서 빵은 광대한 로마제국으로 퍼져나가게 된다. 당시 로마제국은 이베리아반도와 이집트를 포함한 북아프리카를 아우르는 지중해 연안을 비롯해 '가울'이라 불리던 오늘날의 프랑스와, 섬나라 영국까지 아우르던 광활한 제국이었다. 이집트의 발효빵은 강대했던 고대 로마제국에 의해 전 유럽을 중심으로 퍼져서 중요한 먹거리가 되었다. 로마시대에는 건축 문화 예술이 발전한 것으로 알려졌지만, 빵을 비롯한 식문화 역시 비약적으로 발전했다. '오븐이 있는 곳에는 빵이 존재한다'라는 말처럼 고대 로마시대에는 화덕을 사용하여 빵을 만들기 시작했다.[4]

로마인을 눈멀게 한 '빵과 서커스'

고대 로마라면 '빵과 서커스'로 축약되는 포퓰리즘을 떠올리는 사람이 많을 것이다. 대중의 인기에 영합하여 목적을 달성하려는 정치형태인 포퓰리즘의 대표사례로 언급되곤 하는 '빵과 서커스', 그 배경을 살펴보자.

군사적인 지략이 뛰어났던 로마인들은 기원전 3세기부터 주변국들을 차례로 정복하고 이탈리아반도를 지배하기 시작했다. 카르타고와의 세 번에 걸친 포에니 전쟁도 결국 로마의 승리로 끝났다. 기원전 2세기 말까지 로마는 소아시아와 그리스에도 속주를 건설했는데, 속주에 대한 혹독한 착취는 악명이 높았다. 이는 훗날 19세기 이

---

4) 《아침식사의 문화사》 헤더 안트 앤더슨, 니케북스, 2016

후 제국주의 시대 때 유럽 제국주의 국가들의 행태와 닮았다.

카이사르의 뒤를 이은 옥타비아누스는 권력을 다툰 안토니우스와 클레오파트라를 잡으러 이집트 원정에 나선다. 그리고 기원전 31년에 악티움 해전에서 승리하고 '존엄자'라는 뜻의 '아우구스투스'라는 칭호를 얻어 실질적인 제정을 시작했다.

아우구스투스로부터 시작해서 마르쿠스 아우렐리우스로 끝나는 200년의 기간을 '팍스 로마나Pax Romona'라고 일컫는다. '로마의 평화' 란 뜻이다. 이 시기에 로마는 동쪽으로는 유프라테스강에 이르고 서쪽으로는 영국에 이르는, 오늘날 미국의 영토와 비슷한 크기의 영토를 통치했다. 팍스 로마나시대에 로마는 8만 킬로미터의 도로를 닦아 제국을 지배했고, 로마의 배는 바다에서 해적을 쫓았다. 이렇게 로마는 평화와 질서, 통일과 번영을 누렸다.

무역도 멀리 아프리카와 아시아에 이르기까지 자유로이 이루어졌다. 나일강 계곡의 기름진 땅에서는 로마인들을 위한 곡식이 자랐고, 아프리카의 다른 지역에서는 상아와 금이 왔다.

인도로부터는 향신료와 면화, 귀중한 광물이 왔다. 대상(무역 카라반)은 실크로드를 따라 중국에서 실크를 비롯한 다양한 물품들을 가져왔다. 제국의 사람들이 왕래하면서 동쪽의 헬레니즘 문화가 옮겨왔고 이전의 절구 대신 맷돌을 사용하게 되는 식의 변화도 일어났다.

그런데 '팍스 로마나'라고 불리는 최전성기에도 문제는 있었다. 로마 정부가 해외 진출에 심혈을 기울이면서 국내 정치에 소홀해지자,

사회 문제들이 발생하기 시작한 것이다. 특히 시민들 사이의 빈부격차가 심각했다. 원로원 의원들은 속주를 통치하면서 얻은 막대한 부로 가난한 농민들의 토지를 사들여 광활한 토지소유자가 되었지만, 중소농민들은 전쟁 기간 병역의 의무를 지느라 농사지을 노동력이 부족했다. 그것은 곧 농업 생산성의 약화로 이어졌으며 토지는 점점 황폐해졌다. 게다가 전쟁 중에 죽거나 다쳐서 농사를 지을 수 없게 된 농가에서는 남은 가족이 대지주에게 땅을 팔아넘기고 무산 시민으로 전락하게 된다.

농사로 버티던 농민들의 삶도 피폐하긴 마찬가지였다. 속주에서 곡물을 싸게 들여오는 바람에 가격 경쟁력이 없었다. 결국, 농업에서 희망을 잃은 농민들이 수도 로마로 흘러 들어오게 된다. 그러자 정치인들은 가난한 이들의 마음을 어루만질 필요를 느낀다. 불만이 쌓인 민중들이 봉기를 일으킬 것을 두려워했기 때문이다. 정치인들이 무산계급의 마음을 달래기 위해 취한 방법이 바로 '빵과 서커스'였다. 대중에게 무상으로 곡식을 나눠주거나 빵을 나누어주고 화려한 볼거리와 즐길 거리를 제공하여 사회적 불만을 잠재우고 반란을 일으키지 않도록 하는 예방책이었다.

정부는 제국에서 거둔 세금으로 가난한 이들에게 곡식을 공짜로 제공하고 오락을 위한 비용을 충당했다. 서커스로 대변되는 오락은 도시의 지치지 않는 폭도들을 평화롭게 하는 하나의 방법이었다. 서커스는 부자나 빈민을 막론하고 모두가 좋아하는 오락이었다.

'서커스 막시무스'라는 커다란 경기장에서는 경주용 마차가 천둥 같은 소리를 내며 타원형의 코스를 돌았다. 모퉁이를 돌 때면 손에 땀을 쥐게 할 정도로 위험한 장면이 연출되곤 했다. 사람들은 빨강, 초록, 파랑, 하양으로 팀을 나누어 그들이 좋아하는 팀에 돈을 걸고 내기를 했다.

고대 로마제국에서 가장 큰 원형 경기장은 콜로세움이었다. 콜로세움은 건축적인 면에서 하나의 기적에 가깝다. 오늘날의 축구장 크기의 경기장에 거대한 캔버스 지붕을 덮어 뜨거운 로마의 햇볕을 가렸다. 5만 명의 관중이 콜로세움의 대리석과 나무 벤치에 앉을 수 있었다. 관중석을 메운 관중들은 콜로세움에서 벌어지는 갖가지 공연을 관람했는데, 그 큰 경기장에 물을 가득 채우고 배를 띄워 모의 해전을 벌이기도 했다. 또 아프리카에서 잡아 온 사자 같은 맹수들을 풀어놓고 검투사와 싸우는 모습을 연출하기도 했다. 사람들은 동물들이 살육당하거나 검투사들이 맹수와 싸우다 처참하게 죽는 모습을 관람하며 즐거워했다.

검투사들끼리의 경합은 더 인기 있었다. 검투사들은 주로 포로로 끌려온 노예 중 싸우도록 훈련된 자들이었다. 경기장 안에서 그들은 일대일로, 혹은 단체로 싸웠다. 관중들은 실력 있는 검투사에겐 환호와 박수갈채를 보냈다. 잘 싸운 검투사의 경우엔 노예 신분을 벗고 자유를 얻기도 했다. 그러나 검투사가 형편없는 실력을 보이게 되면 관중은 엄지를 들어 아래를 향하게 하여 죽이라는 신호를 보낸다. 대중의 볼거리를 위한 오락치고는 잔인하기 그지없었다.

이렇게 정치인들이 제공한 빵과 서커스에 취한 로마인들은 배부름과 눈앞의 즐거움에 만족해 현실적인 문제에는 둔감해졌다.

'빵과 서커스'라는 정책의 해악에 대해 비평가들이 경고했지만, 귀기울여 듣는 이는 거의 없었다. 팍스 로마나시대에도 사회 경제적 문제들은 많았지만, 대중들은 겉으로 보이는 번영에 취해 문제를 명확하게 인식하지 못했다. 그 결과 후대의 황제들은 빵과 서커스에 가려져 근본적인 해결이 이루어지지 못했던 문제들에 직면하게 된다.

사람들은 로마의 멸망을 역사서에 기록된 476년으로 알고 있지만, 로마제국은 476년 하루아침에 무너진 게 아니다. 수 세기에 걸쳐 쌓였던 문제가 어느 날 둑이 터지듯 터진 것이다. 로마가 멸망하게 된 원인을 한두 가지로 말하긴 어렵다.

군사적 요인을 보자면 게르만족의 침입으로 로마군단이 약해진 점을 꼽을 수 있다. 정치적으로는 동서로 나누어진 제국, 강압적인 정부, 부패한 관리들이 원인이었다. 경제적으로는 전쟁과 전염병으로 인구가 감소했고, 줄어든 인구로 세금을 감당하자니 개개인은 무거운 세금으로 고통받게 되었다. 또 노예 의존도가 심해지면서 그 결과 새로운 기술개발을 등한히 했고, 기후변화로 인해 농업 생산성이 떨어지는 등의 문제들이 불거졌다. 그리고 무엇보다도 이렇게 여러 문제를 안고 있었음에도 지배층은 사치와 사리사욕에 빠져 민중을 살필 생각을 하지 않았으며, 민중들도 빵과 서커스로 대표되는 포퓰리즘에 빠져 문제를 제기하지 않았다. 이 점은 오늘날의 우리도 유념해야 할 부분이다.

고대 로마시대의 타임캡슐이 되어버린 폼페이

'빵과 서커스'에서의 빵은 곡물, 그중에서도 배급품인 밀을 상징하는 말이었다. 그렇다면 글자 그대로의 빵은 어땠을까? 고대 로마시대의 실제 빵은 어떻게 만들어졌으며, 어떤 모양이었을까? 궁금하다면 당시의 빵과 관련한 유물과 유적을 살펴보면 된다. 우선 고대도시 폼페이로 가보자.

폼페이는 고대 로마제국의 번화한 도시 중 하나였다. 베수비오산 남동쪽의 항구 도시로, 고대 로마시대 귀족들의 휴양지로 사랑받던 도시였다. 귀족들의 휴양지답게 폼페이에는 아름다운 모자이크 바닥과 알록달록한 벽화로 꾸며진 멋진 집들이 즐비했다.

서기 79년 8월 24일. 폼페이에 살던 사람들은 땅이 흔들리는 것을 느꼈고 나지막이 덜컹거리는 소리를 들었다. 그러나 경고는 거의 없었다. 어떤 기록에 따르면 경고가 있어서 미리 피난하거나 제사 지내는 사람들도 있었다지만, 경고를 들은 이라고 모두 해결책을 마련한 것은 아니었다. 폼페이인들은 늘 거대한 화산 그늘 안에서 살아왔지만, 그때까지는 그들 중 그 누구도 실제로 화산이 분출하는 모습을 본 적이 없던 터라, 빠르게 대처하지 못하고 미적대었을 것이다.

하지만 화산은 사람들이 진동을 느낀 후 얼마 지나지 않아 거대한 폭발을 일으켰고 산꼭대기를 찢어놓았다. 원뿔 모양의 산에서 화산 재와 바위들이 쏟아져 내렸고, 가스와 열기, 그리고 번개처럼 번쩍대는 비와 재 구름이 온 하늘을 시커멓게 뒤덮었다.

화산재가 떨어지기 시작하자 많은 사람이 도망가려 애썼다. 일부는 화산재를 피해 안전한 곳을 찾아 지하실로 도피했다. 하지만 대부분의 사람은 화산 폭발로 생긴 유독가스에 질식되어 쓰러졌고 그 위를 화산재가 덮었다. 베수비오산이 폭발한 지 이틀 안에 폼페이라는 도시는 화산재에 묻혀 사라져 버렸다. 당시 폼페이에는 약 2만 명의 인구가 살았던 것으로 추정된다. 화산재에 질식해서 죽은 인원이 2,000명쯤 되니 거의 10분의 1이 화산 폭발로 희생된 셈이다. 층층이 쌓인 화산재와 부석이 미처 탈출하지 못한 주민들과 도시를 완전히 덮었다. 비가 오면서 화산재는 단단하게 굳어져 버렸고 그로 인해 일상생활 하나하나가 화산재로 된 타임캡슐에 갇혀버렸다. 이후 폼페이는 1,800년 동안 긴긴 잠 속에 빠져들었다.

1738년, 우물을 파던 한 농부가 파묻힌 도시 폼페이를 발견했다. 그로부터 10년 후, 1748년부터 당시 나폴리 왕인 카를로 3세의 명에 의해 전면적인 발굴이 시작되었다. 발굴과 함께 폼페이는 다시 세상에 모습을 드러내게 되었다. 화산 폭발로 생긴 평균 6미터 높이의 화산재로 두껍게 밀봉됐던 1세기경 폼페이의 당시 모습이 고스란히 드러났다.

공중목욕탕, 광장, 극장, 도로, 귀족들의 별장을 비롯하여 시민들의 주택, 수도시설, 음식점 등 고대 폼페이의 건물들과 생활상이 여실히 드러났다. 고대 로마인들의 세련되고 아름다운 주택과 벽화, 경기장 같은 유적지를 비롯하여 당시 사람들의 일상의 흔적을 모두 볼 수 있다. 이러한 유적과 유물 중에는 빵과 관련한 것도 있었다. 당시에 사용하던 오븐과 빵집, 까맣게 타긴 했지만 형태가 선명한 빵 덩어리 등이 고스란히 모습을 드러내었다.

화산재에서 찾아낸 이탈리아 빵의 역사

앞 1장과 2장에서 보았듯이 빵을 굽는 방법은 지난한 시행착오 속에서 발전해왔다. 불 위에 돌판을 놓고 그 위에 플랫브레드를 굽던 초기 단계를 지나 피라미드를 건설하던 이집트 고왕국시대에는 원뿔형의 토기 안에 발효된 반죽을 넣은 후 불 위에 빵을 구웠다. 기원전 2000경에 빵 굽는 화덕은 조잡한 진흙 화덕에서 탄두르Tandoor(원통형의 점토로 만든 항아리 가마 형식의 오븐) 형태의 화덕으로 개량된다. 인도의 대표적 음식인 탄두르는 이 같은 빵 굽는 화덕에서 발전한다. 반죽을 화덕 안쪽에 붙이고, 다 익으면 저절로 바닥에 떨어지는 형식이다.

폼페이에서 발견된 화덕은 오늘날 화덕피자집이나 레스토랑, 비스트로 등에 비치된 화덕과 흡사하다. 수직형이던 이전의 화덕 오븐을 수평으로 만든 데다 불과 식재료가 들어가는 입구를 분리해서 화덕 입구를 통해 반죽을 넣고 익혀진 빵을 꺼낼 수 있게 설계된 제대로 된 화덕이었다. 이러한 화덕에서 요리하게 되면 뜨거운 공기가 대류 현상으로 순환하여 겉은 덜 타면서 속까지 잘 익었다. 재료의 안쪽부터 익어가기 때문에 식재료의 맛과 향을 잃지 않으면서 고유의 맛을 살려낼 수 있다.

로마시대 폼페이의 폐허에서 발견된 옛날 오븐은 이탈리아에서 빵의 오랜 역사를 설명할 수 있는 정확한 근거가 되고 있다. 이탈리아 사람들이 화덕의 원리를 충분히 이해하고 있었고, 화덕을 이용하여 빵을 대량으로 만들었음을 짐작할 수 있는 유물이다.

과거 이탈리아 사람들은 이러한 화덕 오븐을 이용해 빵, 포카치아, 피자 등을 구워내면서 빵을 만드는 기술 또한 비약적으로 발달하게 된다.

고대 로마시대의 생활상을 볼 수 있는 폼페이 유적에서는 빵집도 여러 군데 발견되었고, 폼페이 벽화에 그려져 있는 빵가게 그림을 보면 빵들이 쌓여 있는 모습을 볼 수 있다. 폼페이 유적에서만도 30개 이상의 빵집이 발견되었다. 그중에서도 특히 보존이 잘 된 '모데투스 빵집'의 경우 81개의 빵이 쌓여 있을 정도였다. 이것으로 봐서 고대 로마시대에는 전문적인 제빵사가 있었으며, 빵이 주식이었음을 알 수 있다.

당시의 폼페이 사람들은 빵을 주식으로 했는데, 맷돌을 이용해서 곡식을 갈고 그것으로 반죽을 하여 화덕에 구워 빵을 만들었다. 집에 화덕이 있는 사람들은 집에서 빵을 구웠고, 화덕이 없는 이들은 마을 빵 가게에서 사 먹었다.

어느 폼페이 시민의 가정에서 구운 빵은 화산 폭발로 인해 그대로 탄화되어 오늘날까지 그 형태가 남아있는데, 탄화되어 시커먼 색을 띠고 있기는 하지만 모양은 약 2,000년 전의 빵이라고 믿기 어려울 만큼 선명한 형태를 유지하고 있다. 폼페이에서 화산재에 덮여 숯덩이가 된 채 발견된 이 빵은 '파니스 콰드라투스Panis Quadratus'라고 불렸는데, 당시 로마인들이 즐겨 먹은 빵이었다고 한다. '파니스Panis'라는 말이 조금 생소하겠지만, 라틴어로 '빵'을 의미한다.

빵을 일컫는 말은 두 가지 다른 어원에서 비롯된 버전이 있다. 영어의 '브레드Bread' 독일어의 '브로트Brot', 네덜란드어의 '브로트Brood' 등에서 유래된 단어들이 그 하나다. 다른 하나는 프랑스어 '빵Pain', 이탈리아어 '파네Pane', 스페인어 '팡Pan', 포르투갈어 '팡Pao' 등이 있는데, 이들은 라틴어 '파니스Panis'에서 유래되었다.

'콰드라투스Quadrtus' 는 '4개', '4', '정사각형' 등의 뜻이 있다. 빵에 4개의 선명한 선이 그어져 있어서라고 한다. 둥근 빵의 윗부분에 4개의 직선을 그어 마치 피자처럼 팔 등분 한 선이 보인다. 빵집에서는 그 선에 지푸라기 같은 끈을 넣어 묶어서 손님에게 주었다.

초기 피자에는 토마토소스를 사용할 수 없었다

오늘날 이탈리아를 대표하는 빵에는 무엇이 있을까? 올리브유와 허브를 넣어 지중해 풍미가 물씬 나는 빵인 '포카치아Focaccia'를 비롯하여 '치아바타Ciabatta'나 '파니니Panini' 등 다양한 빵이 있다. 하지만 그 무엇보다도 전 세계에서 가장 널리 사랑받는 이탈리아 빵은 '피자Pizza'임에 이견이 없을 듯하다.

피자는 원반 모양의 밀가루 반죽 위에 토마토소스를 바르고 그 위에 버섯, 페퍼로니, 햄 등의 토핑을 얹은 후, 마지막으로 모차렐라 치즈를 듬뿍 뿌린 후 오븐에 구운 빵이다. 원래는 이탈리아 남부 나폴리에서 시작되었으나, 이제는 이탈리아를 넘어서 전 세계 어디에서든지 찾아볼 수 있는 음식이 되었다.

피자의 유래에 관해서는 정확히 알려진 바가 없지만, 포카치아에서 변형된 것으로 알려져 있다. 나폴리를 배경으로 신선한 해산물이 풍부했던 남부 이탈리아 지역에서 자칫 심심해질 수 있는 담백한 맛의 빵 위에 각종 재료를 올려서 구워냈던 것이 피자의 시초가 되었다는 설이 유력하다. 나폴리는 시내에서 베수비오 화산이 보일 만큼 폼페이와 가까운 곳에 있다. 그래서일까, 피자 모양도 폼페이 유적에서 발견된 '파니스 콰드라투스'처럼 생겼으며 네 개의 선으로 팔 등분 한 것도 닮았다.

오늘날 피자라고 하면 빨간 토마토소스를 올린 모습을 흔히 연상하게 되지만, 피자가 만들어진 초창기 때는 토마토소스를 사용하지 않았다. 오늘날처럼 피자에 토마토소스를 사용하기 시작한 것은 18세기 이후에야 가능했다. 토마토가 유럽대륙에 들어 온 것은 1492년 콜럼버스가 아메리카대륙을 발견하고 이른바 '콜럼버스의 교환'이 이루어지면서였다. 게다가 그렇게 들어온 토마토는 낯선 먹거리에 대한 선입견 때문에 그 후로도 오랫동안 터부시되다가 18세기에 들어서야 비로소 피자나 스파게티에 사용되었다.

이렇게 유럽대륙에 새롭게 유입된 먹거리 중에서 터부시되었던 가장 대표적인 농산물로 '감자'를 들 수 있다. 감자는 울퉁불퉁한 모양과 음습한 땅 속에서 난다는 이미지로 인해 '감자를 먹으면 나병에 걸린다'라거나 '감자는 악마의 과일이다'라며 초기에는 동물이나 죄수에게만 먹였다. 그러다가 앙투안 파르망티에와 루이 16세, 그리고 마리 앙투아네트의 노력에 의해 감자는 식용작물로 인정받게 된다.[5] 그러니까 감자도 18세기 말 전까지는 사람들에게 터부시되던 음식이었다.

그런데 조금 이상하다. 감자야 땅속에서 캐내는 데다 못생겨서 그럴 수도 있었겠다. 종자가 개량되기 전이었으니 오늘날 감자보다 훨씬 울퉁불퉁하고 작고 못생겼을 테니 선입견을 품을 만했을 것이다. 하지만 둥글고 빨갛고 예쁜 토마토가 도대체 왜 인기가 없었을까?

사실 처음 유럽에 들어온 토마토는 빨간색이 아니었다. 작고 노란

---

5) 《식탁 위의 세계사》 이영숙. 창비. 2012

색을 띠어서 '황금사과'라 불렀다. 그러다가 점차 개량을 거쳐 빨갛고 예쁜 모양의 열매를 맺게 되었지만 아이러니하게도 둥글고 빨갛고 예쁜 것도 식용을 막는 선입견으로 작용했다. 토마토는 가짓과 식물로 분류가 되는데, 가짓과의 식물은 독성이 있다고 알려져 있었다. 게다가 성적으로 흥분시키고 음란한 마음이 일게 하는 최음제 성분이 있다고 믿었다. 토마토는 '사랑의 사과'라든가 '큐피드의 사과'라는 별명으로 불렸고, 금욕적인 종교관이 생활 전반에 영향을 끼치던 시대라 터부시되는 음식으로 취급받을 수밖에 없었다.

　콜럼버스가 아메리카대륙에 도착해서 제일 먼저 한 일이 그 땅에 입을 맞추고 십자가를 꽂는 일이라든가, 청교도 혁명이나 마녀사냥을 떠올려보면 조금 짐작할 수 있으리라. 처음 토마토를 도입한 스페인에서는 그나마 토마토를 좀 더 일찍 먹었지만, 이탈리아나 프랑스 지역에서 식용으로 사용하기까지는 꽤 오랜 시일이 걸렸다. 기후가 토마토 재배에 맞지 않았던 영국에서는 더 오래 걸렸다. 쾌락을 추구하는 행위를 죄악시 여겼던 사회적 분위기와 맞물려서, 청교도 혁명 후에 크롬웰 공화정부는 토마토 재배 금지령까지 내릴 정도였다고 한다.[6]

　피자의 경우, 처음에는 돈 없는 서민들의 길거리 음식으로 시작되었기에, 당시에 인기 없고 그래서 값도 쌌던 토마토가 재료로 사용되었을 가능성이 크다. 시간이 흐르면서 감자며 토마토에 덧씌워진 누명

---

6) 《잘 먹고 잘사는 법-49》 이영미, 김영사, 2006

이 벗겨지면서 피자에는 당연한 듯 토마토소스를 쓰게 되었다. 19세기 들어서 나폴리 지역에서 생겨나기 시작한 피쩨리아의 피자가 인기를 끌면서 점차 이탈리아 전 지역으로 퍼져나가게 되었다.

이탈리아 왕비 이름을 딴 마르게리타 피자

1889년 6월, 당시 이탈리아의 왕이었던 움베르토 1세의 왕비였던 마르게리타는 나폴리를 방문했을 때, 말로만 듣던 피자를 먹고 싶어 했다. 당시의 유명한 요리사였던 라파엘레 에스포시토가 왕비를 위해 피자를 대접하게 되었는데, 뭔가 특별한 감동을 선사하고자 그는 바질 잎과 모차렐라 치즈, 그리고 토마토소스를 이용하여 피자를 만들었다. 바질의 초록색 잎과 모차렐라 치즈의 흰 덩어리, 토마토소스의 붉은 색이 어우러진 피자는 이탈리아 국기의 초록색과 흰색, 빨간색을 연상시켰고, 그 피자를 대접받은 여왕은 몹시 기뻐했다. 이후 이 피자는 왕비의 이름을 따서 '마르게리타 피자'로 불리며 세계인의 사랑을 받게 되었다. 마르게리타 왕비는 피자 자체보다 요리사의 재치와 애국심에 더 감동했을 것이다.

당시의 이탈리아는 1861년 통일된 지 30년이 채 되지 않았던 터라, 통일 조국에 대한 애국심이 대단했을 때였다. 이탈리아의 통일에 대해 이해하기 위해선 1700년대의 이탈리아 얘기부터 해야 한다.

1700년대 이탈리아는 오늘날의 이탈리아나 영광스러운 고대 로마제국과는 사뭇 달랐다. 당시 이탈리아 영토는 유럽 열강들에 의해 조각조각 나뉘어져 있었다. 밀라노, 나폴리, 사르데냐는 오스트리아가 지배하고, 피에몬테, 토스카나주와 제노바, 루카 공화국은 프랑스가 지배하고 있었다. 1800년대 초에는 사보이아에 대한 지배권도 프랑스가 가졌다.

이외에도 여러 차례의 외세 침략과 통치로 인해 다른 나라의 전통과 문화가 이탈리아에 들어왔다. 식문화만 보더라도 유명한 셰프들이 공식 대화를 할 땐 프랑스어로 된 요리용어를 쓸 정도였다. 옛날, 프랑스의 프랑수아 1세가 이탈리아를 동경하여 이탈리아 메디치가의 딸이었던 카트린을 며느리로 맞았고 그 결과 이탈리아 식문화가 프랑스의 식탁을 업그레이드시켰던 것을 생각하면 격세지감이 들 징도다.

나폴레옹의 쇠퇴 이후 이탈리아는 더 복잡한 상황이 된다. 1815년 빈회의로 유럽 강대국들은 이탈리아 영토를 나누어 가지게 된다. 이에 오스트리아는 롬바르디아-베네토 지방과 파르마, 피아첸차, 모데나와 레조 대공국들을 할당받았다. 로렌가는 토스카나 대공국과 교황령을 받았고, 부르봉 왕가는 두 시칠리아 왕국을 할당받았다. 이렇게 조각보처럼 쪼개져서 다른 나라의 지배를 받던 이탈리아는 '이탈리아 건국 3걸傑'로 일컬어지는 '카보우르', '마치니', '가리발디'의 혁혁한 공으로 1861년, 마침내 독립을 쟁취하게 된다. 카보우르의 명석한 두뇌와 외교술, 마치니가 불러일으킨 혼魂, 가리발디 장군의 남부

로부터의 연이은 전승戰勝이 빚어낸 영예로운 결과물이었다.[7]

미국의 이민 역사와 피자

앞에서도 언급했듯이 이탈리아는 여러 개의 도시국가로 이루어져서 각자 나름의 문화를 이뤄온 역사적 배경이 있었다. 게다가 기후나 지역 조건에 따른 식재료의 차이로 인해서 지방마다 음식의 특색이 뚜렷하다. 지중해 요리는 스페인 요리의 영향으로 맛이 강하고, 동북부는 오스트리아 요리의 영향으로 짜거나 단맛을 적게 사용하고, 북서부 이탈리아는 프랑스 요리의 영향을 많이 받게 되는 식이었다.

피자도 마찬가지다. 피자라면 이탈리아를 떠올리고 이탈리아 곳곳에서 인기 메뉴로 자리 잡았을 것으로 생각하기 쉽지만, 지역 차가 크다. 남부 나폴리 지역에서는 곳곳에 피자집을 볼 수 있지만, 북부는 사뭇 다르다.

수년 전 나는 피렌체, 로마, 볼로냐, 밀라노, 베니스 등 북부 이탈리아를 여행했던 적이 있다. 이탈리아 정통 피자를 먹어볼 기회라며 기대감에 부풀었으나, 기대와 달리 북부와 중부에서는 피자가게 찾기가 쉽지 않았다. 북부와 중부지방에선 제대로 된 식당에선 스파게티와 라자냐 같은 파스타며, 쌀로 만든 리조또나 육류와 샐러드에 라비

---

7) 《오페라와 함께하는 사회탐구》 이영숙, 다른, 2019

올리, 뇨끼 등 다양한 음식들이 있었지만, 피자는 길거리에 있는 한 두 평짜리 작은 부스 같은 간이매점에서나 팔았다. 아쉬운 대로 즉석 피자를 조각으로 두어 조각 사 먹어보았으나 너무 기름져서 피자를 감싼 종이는 금방 기름으로 얼룩져서 손가락에 묻어났다. 토마토소스와 약간의 허브잎, 치즈 외에 이렇다 할 토핑도 없어서 피잔지 포카치안지 애매한 형태였고 맛까지 짰다. 나와 일행은 이구동성으로 "뭐야? 한국 피자가 훨씬 맛있잖아"라고 말했다. 이탈리아의 북부와 중부지역에서 피자는 그저 시장기를 잠시 속이기 위한 값싼 길거리 음식 같은 그런 느낌이었다.

이탈리아는 사실 다른 나라들에 비해 패스트푸드점이 적은 편이다. 2021년 4월, 로마에 피자 자판기가 생겼다는 뉴스를 본 적이 있지만, 사실 이탈리아에는 먹는 것을 준비하는데 시간과 정성을 아끼지 않는 슬로우푸드 문화가 있다. 그러니 바쁜 현대인들을 위한 패스트푸드의 대명사처럼 여겨지는 이탈리아 피자는 조금 이질적으로 느껴지기도 한다. 사실, 피자가 바쁜 현대인을 위한 패스트푸드로 자리 잡게 된 것은 이탈리아 본토에서가 아닌 미국에서였다. 여기에는 미국으로 이주한 이탈리아인들의 역할이 컸다.

이민에 관한 한, 영국이나 네덜란드, 독일 등 다른 유럽인들에 비해 이탈리아인들의 미국 진출은 늦었던 편이다. 19세기 후반과 20세기 초반에 많은 이탈리아인들이 미국으로 터전을 옮겼고, 1880년대부터 제1차 세계대전까지 특히 이민이 집중되었다. 이탈리아계 미국인은 대부분 가난한 이탈리아 남부와 시칠리아 출신으로서 먹고살기 위해 이민을 택했다. 이탈리아는 공업화로 비교적 부유했던 북부에 비해 농업이나 어업이 주 산업이었던 남부지역은 상대적으로 가난했다. 이는 이탈리아 정부의 토지개혁 실패와 인구 폭증으로 인한 일자리 부족도 원인 중 하나였다. 동화 〈엄마 찾아 삼만리〉에서 아르헨티나로 돈 벌러 떠난 엄마가 소식이 끊기자 엄마를 찾아 나선 소년 마르코의 이야기가 나오는데, 이는 당시의 시대상을 잘 반영하고 있다. 19세기 말 이탈리아 사람들이 가장 많이 이민 간 나라가 미국과 아르헨티나였다.

이민자 대부분이 가난한 남부 이탈리아 출신이다 보니 자본이 넉넉할 리가 없었다. 그러니 학력이나 자본 없이도 할 수 있는 일을 하게 된다. 심하면 마피아와 같은 조직폭력계에 몸을 담기도 했다. 〈대부〉와 같은 미국 영화에 이탈리아계인 마피아조직이 등장하는 것도 그 이유다. 아닌 게 아니라 조직의 보스인 알 카포네도 이탈리아 나폴리 출신이었다. 한편 타고난 신체조건이나 매력, 재주가 뛰어나서 연예계나 스포츠계에서 성공한 예도 있었다. 하지만 보통사람들은 막노동으로 생계를 잇거나 적은 자본으로 소소하게 음식을 만들어 팔았다. 대표적 음식이 피자였다.

19세기 끝 무렵 미국에 자리 잡은 이탈리아 출신 미국 이민자들이 피자를 만들어 팔면서 미국에 피자가 알려지기 시작했다. 길거리나 시장에서 주머니 사정에 따라 한판 전체로 또는 몇 조각만 잘라서도 팔았다. 나폴리를 중심으로 한 이탈리아 음식이었던 피자는 이러한 이유로 미국에 정착한 이탈리아 이민자들에 의해 상품화된다. 비록 미국식으로 현지화되어 상당히 변형된 형태였지만 말이다.

1905년 뉴욕의 스프링 스트리트에 피자가게인 '롬바르디스 피제리아'가 문을 열었다. 이탈리아 이민자였던 젠나로 롬바르디가 자신의 이름을 따서 오픈한 가게였다. 이 피자집을 필두로 미국에는 여러 피자집이 생겨났다.

1920년대부터 미국 북부를 중심으로 이탈리아 출신 이민자들이 피자집들을 많이 개업했고, 가스 오븐의 등장으로 인해 피자의 대량 생산이 가능해졌다. 그러다 제2차 세계대전이 끝났을 때, 이탈리아에 주둔했던 미군들이 미국으로 돌아와서도 즐겨 먹으면서 피자는 더 알려지게 되었다.

1950~60년대에 피자 가맹점들이 우후죽순처럼 생겨났다. 1954년 '쉐키스', 1958년 '피자헛', 1960년대 '도미노피자' 등이 생겨 인기를 끌면서, 피자는 미국의 인기 식품으로 자리 잡았다. '마이웨이My Way'를 부른 가수 프랭크 시내트라와 한때 마릴린 먼로의 남편이기도 했던 야구선수 조 디마지오, 관능미 넘치던 영화배우 소피아 로렌처럼 유명한 인물들이 TV에 나와 피자를 먹는 모습을 보자, 더 많은 사람들이 피자를 즐겨 먹게 되었다. 그 세 사람 모두 이탈리아계 이민자 출신이었다. 오늘날 미국에서는 피자가 1초에 350조각씩 팔릴 정도로 인기가 많은 음식이 되었다. 피자 위에 얹는 토핑의 종류가 다양

하다 보니 피자 종류도 또한 많다. 미국은 워낙에 넓은 나라다 보니 지방의 특색과 입맛에 따라 피자 위에 얹는 토핑이 다양하여 피자 종류도 대단히 많다.

한국에는 미군 부대를 통해 피자가 들어오게 되었다. 초기에는 호텔이나 레스토랑을 중심으로 즐길 수 있었기에 원래는 나폴리 서민 음식이었던 피자가 우리나라에선 고급음식으로 인식되었다. 이후 피자헛과 같은 다국적 피자 체인점들이 들어오면서 대중적으로 상용되기에 이르렀다.

이제 피자는 아메리카대륙뿐만 아니라 전 세계적인 음식이 됐다. 거기에는 나라별로 입맛에 맞는 토핑을 얹어 응용할 수 있는 융통성이 큰 역할을 했다. 예를 들어 우리나라의 불고기를 응용한 '불고기 피자'가 있는가 하면, 소고기를 먹지 않는 힌두교인들을 위해서는 채소로만 만든 피자가 있기도 하고, 카레를 즐겨 먹는 인도에서는 카레와 향신료를 넣은 피자가 있다. 이외에도 러시아에서는 정어리, 참치, 고등어, 연어 등 생선을 토핑으로 사용하는 피자도 있다.

이렇듯이 피자는 사정에 따라 어떤 식재료든 어우러지게 사용할 수 있다. 게다가 포크나 접시, 나이프와 같은 도구를 사용하지 않고 손으로 들고 먹어도 예의에 어긋나지 않으며, 냉동 피자든 배달 피자든 다양한 맛과 영양소를 간편하게 즐길 수 있는 장점이 있다. 이렇게 여러 면에서 응용할 수 있고 편리하므로 앞으로도 피자의 인기는 계속될 듯하다.

제 4 장

마카롱

품질의 판단 기준 '마카롱의 발'

작고 둥근 앙증맞은 모양에 파스텔 색감이 예뻐서 먹기 아까운 느낌이 드는 과자가 있다. 바로 '마카롱macaron'이다. 마카롱은 이탈리아어 '마케로네maccerone' 혹은 '마카로니macaroni'를 어원으로 한다. 이는 '반죽을 치다', '두드리다'라는 뜻의 동사인 '마카레macare'에서 파생된 단어로, 힘을 주어 반죽을 치대는 요리법을 표현한 것이다.

마카롱은 본래 차나 커피와 함께 후식 또는 식사 대용으로 먹는다. 각종 축하연이나 모임 등에서 디저트로 먹기도 하는데 샴페인과도 궁합이 좋지만 씁쓸한 맛의 에스프레소 커피와 함께 먹는 것이 가장 좋은 조합이라 알려진다.

마카롱은 종류가 많고 만들기가 꽤 까다롭다. 마카롱은 일반적인 쿠키와는 달리 밀가루를 사용하지 않고 곱게 간 아몬드가루를 쓴다.

아몬드가루와 섞어쓰는 설탕도 일반적인 설탕을 쓰지 않고 데코레이션 때 주로 사용하는 아주 고운 입자의 설탕인 컨펙셔너 설탕[8]을 사용한다. 머랭을 만들 때도 달걀흰자를 그릇에 담아 거품을 내고, 그래뉴당[9]을 넣어 녹을 때까지 거품기로 젓는다. 설탕의 입자들이 작을수록 더 잘 녹기 때문에 표면이 매끄럽고 고운 크러스트를 만들 수 있다. 미리 만들어놓은 달걀 거품에 설탕을 섞은 머랭에 채 친 아몬드가루와 설탕을 넣어 혼합하여 반죽을 만든다.

이렇게 준비된 반죽을 짤주머니에 넣어 오븐 팬에 적당한 크기로 둥글고 납작하게 짜서 예쁜 모양을 만든 다음 오븐에 구어 낸다. 마카롱 크러스트가 완성되면 거기에 가나슈를 올리고 크러스트를 덮으면 완성이다.

잘 만들어진 마카롱은 위아래 크러스트의 크기와 모양이 같아야 하고 표면이 살짝 둥글게 부푼데다 매끈하고 윤기가 있으며, 옆에서 보면 둥근 테두리를 따라 레이스와 같은 잔주름이 잡혀 있어야 한다. '삐에'라고 부르는 이 '마카롱의 발'은 마카롱의 품질을 식별하는 기준이 되기도 한다.

---

8) 매우 고운 가루의 순수한 정제 설탕으로 분당(粉糖) 또는 슈거 파우더, 아이싱 슈거라고도 한다.
9) 싸라기 설탕 중 결정이 가장 작은 설탕. 백설탕보다 순도도 높고 물에 더 잘 녹는다.

마카롱의 대중화에 기여한 프랑스 혁명

마카롱의 주재료인 아몬드가루는 아랍인들이 시칠리아를 점령했던 시절에 이탈리아에 아몬드가 전해진 이후 15세기 중엽부터 요리에 흔히 사용되었다. 1500년에는 마카롱에 쓰이는 아몬드 페이스트가 이탈리아에서 개발되었다. 마카롱의 기원과 관련해서는 몇 가지 설이 있지만, 마카롱이란 어원이나 주재료를 고려해 볼 때 이탈리아의 영향을 받았다는 데 무게가 실린다.

오늘날엔 마카롱이 프랑스의 대표 과자처럼 알려졌지만, 역사적으로 프랑스에서 마카롱이 언급되기 시작한 것은 1653년에 출간된 《르 파티시에 프랑수아Le Pâtissier François》라는 요리책에서부터였으니 이탈리아보다 꽤 늦었다. 이후 점차 여러 요리책에 나오다가, 19세기에 이르면 파리를 소개하는 책자에 마카롱을 파는 노점상들이 넘쳐나는 거리 풍경이 등장한다.

마카롱은 밀가루가 아닌 아몬드가루로 만들어 재료비가 꽤 비싸다. 오늘날에도 비교적 비싼 디저트나 과자로 인식되는 마카롱이니만큼 과거 물자가 부족해서 밀가루로 된 빵을 먹기도 힘들었던 시대에 아몬드가루로 마카롱을 만들고 즐겼던 사람들은 경제적으로 여유가 있는 상류층이었음을 짐작할 수 있다. 그런 이유에서인지 마카롱의 유래를 살피다 보면 당대 유럽 최고 부자 가문인 메디치가가 자주 언급되곤 한다.

1533년 이탈리아 피렌체의 카트린 드 메디치가 프랑스 국왕 앙리

2세와 결혼을 하면서 준비한 혼수품으로 마카롱이 포함되어 있었다는 기록이 있다. 이것이 마카롱을 역사 속에서 처음 엿볼 수 있는 대목이다. 카트린 드 메디치는 프랑스로 시집을 오면서 이탈리아에서 요리사와 제빵사들을 함께 데려왔는데, 이때 이탈리아의 다양한 요리 기술이 프랑스에 소개된다. 마카롱의 레시피도 이러한 경로를 통해 프랑스에 전해졌을 것으로 추정된다.

그렇다고 당시의 마카롱이 오늘날처럼 생겼을 것으로 생각하면 오산이다. 오늘날 마카롱은 아몬드가루 외에 캐러멜, 피스타치오, 초콜릿, 바닐라, 민트, 녹차, 장미, 벚꽃 향 등 첨가하는 색소와 부재료에 따라 다양한 색과 맛을 즐길 수 있다. 하지만 당시엔 알록달록하지도 않았고, 두 개의 크러스트 사이에 크림을 넣은 샌드위치 형태도 아니었다. 그저 달걀흰자와 설탕으로 거품을 낸 머랭에 아몬드가루를 넣어 구운 크러스트 과자만 있는 형태였고 색깔도 한 가지뿐이어서 굳이 비유하자면 오늘날 샤브레 비스킷과 비슷한 형태였다. 그래서 디저트라기보다는 음식의 일종으로 여겨졌을 만큼 그 모양새도 매우 소박하게 생겼었다.

마카롱의 종류가 지금처럼 색깔이나 맛의 종류도 다양화되기 시작한 때는 1790년대부터이다. 그러니까 마리 앙투아네트를 다룬 영화에 각양각색의 마카롱이 쌓아 올려져 있는 장면도 사실과 다른 것이다. 마리 앙투아네트의 사치를 시각적으로 표현하려는 의도의 장치였을 뿐이다.

1790년대 프랑스에서는 낭시, 랭스, 아미앵 등 프랑스의 여러 도시에서 지역별 마카롱을 생산하기 시작했다. 여기에는 1789년 일어났던 '프랑스 혁명'이 큰 원인이 되었다. 혁명 이후에 들어선 혁명정부는 종교단체의 재산을 몰수하고 세금면제 혜택도 없앴다. 그로 인해 많은 교회나 수도원이 문을 닫거나 궁핍한 생활에 내몰리게 되었다. 이에 마카롱으로 잘 알려진 낭시 지방의 수녀원 출신의 마르게리트와 마리 엘리자베스 수녀가 생계를 위해 마카롱을 구워 팔았다. 이 마카롱은 맛이 좋아 유명해져서 '수녀의 마카롱'이라 불리며 사람들에게 사랑을 받았다. 이 '수녀의 마카롱'도 모양은 역시 머랭으로 만든 크러스트만 두 개씩 포장된 형태였다.

오늘날처럼 크러스트 사이에 필링을 채운 형태의 마카롱은 1862년 파리에서 개업한 '라뒤레'라는 찻집을 겸한 페이스트리 가게에서였다. 이후 지역에 따라 단맛의 정도나 크기, 모양, 식감 등에 차이가 생겨 다양한 마카롱이 만들어지게 된 것이다.

프랑스 궁중문화를 업그레이드시킨 메디치 가문

카트린 드 메디치는 은행 송금업으로 시작해 유럽 최고의 부자이자 명문가가 된 메디치가 출신이다. 오늘날 흔한 표현으로 다이아몬드 수저를 물고 태어난 셈이다. 하지만 자세히 들여다보면 그다지 부러울 것도 없다. 1519년 4월, 그녀가 태어난 지 14일 만에 어머니는 흑사병으로 사망하고 그로부터 일주일 만에 그녀의 아버지 로렌초 2세마저 매독으로 사망했기 때문이다.

그녀의 아버지가 사망하자, 교황 레오 10세가 카트린을 로마로 데려왔다. 갑자기 교황이 등장해서 의아할 수도 있겠으나 레오 10세도 메디치가 출신으로 혈연관계가 있었다. 그녀의 아버지는 로렌초 2세이고 할아버지는 피에로 2세였는데, 할아버지의 남동생이 교황 레오 10세였다. 그러니까 교황 레오 10세는 카트린의 작은할아버지였다. 이후 카트린은 로마에서 할머니와 고모할머니, 고모 등의 보살핌을 받으며 자란다.

카트린은 돌아가신 아버지의 뒤를 이어 메디치 가문의 합법적인 상속인이자 후계자로서 우르비노 공작자리를 계승했다. 덕분에 신분과 재산이 상당했다. 하지만 교황 레오 10세기 죽은 후 1522년에 즉위한 교황 하드리아노 6세에 의해 공작자리를 박탈당하고 피렌체로 쫓겨온다. 그 후 6촌 간인 줄리오 디 메디치가 교황 클레멘스 7세로 등극하자 카트린은 중요한 정치적 인물로 부각된다. 하지만 클레멘스 7세의 실정으로 로마는 1527년 에스파냐 황제 카를 5세에게 점령된다. 세계사에서 흔히 '로마 약탈'로 언급되는 사건이다. 그 후 피렌체에서는 폭동이 일어나고 클레멘스 7세 교황에 대한 여론은 최악으로 치닫는다. 이 과정에서 같은 메디치 가문의 상속녀인 카트린에게 불똥이 튀었고, 결국 그녀는 수녀원 등을 전전하며 위태로운 생활을 이어나간다. 피렌체가 안정을 되찾자 클레멘스 7세는 카트린을 다시 로마로 데려왔고 카트린의 신랑감 찾아주기에 나섰다. 그러다가 연이 닿은 곳이 프랑스 왕실이었다.

그녀의 결혼에는 시아버지가 되는 프랑수아 1세의 의지가 많이 작용했다. 여러 차례 이탈리아 원정을 다니면서 이탈리아의 발달한 예술을 흠모하게 된 프랑수아 1세는 레오나르도 다 빈치 등 피렌체 출신의 여러 예술가를 초빙하여 파리의 궁궐 건축 등을 의뢰하기도 했던 인물이었다. 그는 거기서 한 걸음 더 나아가 자기 아들인 오를레앙 공작(훗날 앙리 2세가 됨)을 이탈리아의 명문가인 메디치가 여인과 짝지어줄 계획을 세우게 된다. 이 계획은 프랑스 귀족들의 심한 반발에 부딪히지만, 프랑수아 1세는 카트린은 황태자 프랑수아가 아닌 차남과 결혼하는 것이므로 그녀가 왕비가 될 리 없고, 단지 오를레앙 공작부인이 될 뿐이라는 말로 대신들을 설득했다. 이렇게 프랑수아 1세의 적극적이고 우호적인 태도에다 교황 클레멘스 7세의 동의로 카트린과 프랑수아 1세의 둘째 아들 앙리와의 결혼이 성사된다.

1533년 9월 1일 카트린은 피렌체를 떠나 10월 11일 마르세유에 도착해서 그해 결혼식을 올렸다. 대부호로 알려진 메디치 가문이었으나, 카트린이 결혼할 당시에는 파산에 가까운 상태였다. 클레멘스 7세는 교황청이 소유하던 보석들을 일부 빼돌려 그녀의 혼수로 주었는데, 카트린의 결혼 지참금으로 약속한 돈은 끝내 지급하지 않았다. 프랑스로서는 유럽 최고 부자 가문과 혼인을 하면서 상당한 재물을 기대했을 것이다. 그런데 약속한 지참금을 받지 못했으니 프랑스 왕가로서는 못마땅했을 것이고 카트린은 카트린대로 프랑스 왕실 내에서 입지가 좁아져 마음이 불편했을 것이다. 또, 남편은 남편대로 정부情婦에 빠져있었다. 이렇게 외롭고 고단한 처지에서도 카트린은 피렌체 최고의 명문가에서 성장하면서 익힌 이탈리아의 예술적인 감각과 에티켓, 요리 등을 전수하여 프랑스 궁중문화를 업그레이드 시켰다. 그전까지만 해도 프랑스에서는 과자라는 것도 없었고 포크도 없었다. 오늘날 프랑스의 대표적인 고급 과자로 널리 알려진 마카롱도 원래는 이탈리아가 원조였던 것이 16세기에 카트린이 프랑스로 시집갈 때 대동했던 이탈리아의 요리사들에 의해 조리법이 알려졌다. 포크와 냅킨을 사용하는 등 새로운 식탁 문화와 식사 예절 역시 그녀에 의해 프랑스 식문화로 정착되었다.

남편보다 시아버지의 사랑을 받은 왕비

카트린 드 메디치는 황태자가 아닌 둘째 왕자와 결혼했기에 왕비 자리에 오를 예정이 아니었다. 그러나 갑작스레 운명이 바뀌었다. 시아주버니였던 황태자 프랑수아 브르타뉴 공작이 갑자기 죽으면서, 남편 오를레앙 공작이 황태자가 되었고, 그녀는 덩달아 프랑스의 황태자비 자리에 오르게 된다. 왕자비에서 졸지에 황태자비가 된 카트린을 대하는 프랑스 여론은 곱지 않았다. 유럽의 명문인 메디치가 출신이었지만 그저 '장사꾼의 딸'이라는 비방을 들었을 만큼 적대적이었다. 하긴 뭐 그리 놀랍지도 않다. 훗날 루이 16세의 비妃였던 마리 앙트와네트를 '오스트리아년'이라 불렀던 것을 생각하면 말이다.

더욱이 결혼한 지 10년이 되었지만 아이가 없었던 카트린에게 책임을 물어 폐위 문제까지 불거졌다. 그녀는 왕실에서의 입지가 여러모로 곤란해졌지만, 메디치 가문 출신답게 본심을 드러내지 않고 항상 신중하게 처신했다.

그녀는 외모가 특출나지는 않았지만, 능수능란하게 상대를 칭찬하는 뛰어난 화술과 교양으로 상대방을 사로잡았다. 그리스어와 라틴어를 구사할 수 있었으며 지리학과 천문학, 물리학, 수학에도 방대한 지식을 가지고 있었고, 튈르리 궁전과 슈농소 궁전을 직접 설계할 만큼 건축에도 재능이 있었다고 한다. 시아버지인 프랑수아 1세는 며느리 카트린에게 우호적이었다. 카트린과 6촌 간인 교황 클레멘스 7세가 죽고 난 뒤, 권력이든 재물이든 카트린을 통해 얻을 수 있는 것이 아무것도 없다는 것을 안 뒤에도, 프랑수아 1세는 며느리를 되돌려보내지 않았고 이런저런 조언도 해주었다. 카트린은 그런 시아버지를 진심으로 존경하고 무조건 따랐다.

시아버지 프랑수아 1세의 사후, 1547년 카트린의 남편이 앙리 2세로 즉위하면서 카트린은 프랑스의 왕비가 된다. 메디치 가문에서 프랑스 왕실로 시집와서 얼떨결에 왕비까지 된 카트린 드 메디치. 부와 명예를 다 갖추고 영화롭게 살았을 것 같지만 실상은 그렇지 않았다. 카트린은 이름뿐인 왕비였고, 실권은 따로 있었다. 앙리 2세에게는,

카트린이 프랑스로 시집오기 전부터 가까이 지내던 정부情婦가 있었다. 디안 드 푸아티에였다. 그녀는 앙리 2세보다 자그마치 20살이나 나이가 많았지만, 젊고 매력적인 방부제 미모를 자랑했고, 왕의 마음을 사로잡아 실질적인 왕비행세를 하고 있었다.

카트린이 결혼 후 9년 동안이나 아이가 없다가 어렵게 아이를 낳았어도 남편인 앙리 2세는 디안에 빠져있었다. 카트린은 이름뿐인 왕비로 소외당하고 디안이 왕의 총애를 받으며 왕실을 흔드는 상황은 앙리 2세가 사망할 때까지 이어졌다. 카트린은 온갖 꼴을 다 보고 겪으면서도 26년간이나 남편과 디안 뒤에서 묵묵히 참고 있었다. 그녀는 남편과 그의 정부에게 맞서거나 심기를 건드리지 않도록 조심하면서 남편의 관심을 끌고자 노력을 기울였다. 남편 사후에 카트린은 디안에게서 쉬농소 성을 빼앗고 왕으로부터 받은 보석들도 압수한 채 궁 밖으로 내쫓았다.

여러 명의 왕을 세운 카트린

오랫동안 자식이 없어 맘고생을 하던 카트린은 1544년 프랑수아 2세를 낳았고, 이후 샤를 9세, 앙리 3세, 그리고 마고로 유명한 마르그리트 드 발루아 등 모두 10명이나 되는 자식을 낳았다. 그러나 아이들 대부분은 어린 시절 죽거나 요절하고 말았다. 당대의 부실한 의술은 왕의 자식도 살리지 못했다.

장남인 프랑수아 2세는 어린 시절, 한 살 연상의 스코틀랜드의 여왕 메리 스튜어트와 결혼했다. 장녀인 엘리자베스는 1559년 에스파냐의 펠리페 2세와 혼인했는데 혼인날 사고가 생긴다. 결혼 기념 연회에서 앙리 2세가 몽고메리 백작과 마상시합을 하던 도중, 사고로 상대방의 창에 눈을 찔린 것이다. 그 후유증으로 며칠을 앓던 왕은 결국 죽고 말았다. 카트린은 큰 충격을 받았으며, 죽을 때까지 검은 상복을 입었다. 앙리 2세가 죽은 후, 앙리 2세와 카트린 사이에서 태어난 장남인 프랑수아 2세가 즉위했지만, 16개월 만에 중이염을 앓다가 후사 없이 일찍 죽는다.

　프랑수아 2세의 뒤를 이어 차남이 샤를 9세가 되어 왕위를 이었다. 당시 샤를 9세가 열 살밖에 안 된 어린아이라 카트린이 섭정을 하게 된다. 샤를 9세는 프랑스를 14년간 통치했지만, 왕위 계승자가 될 후손을 남기지 못한 채 1574년에 결핵으로 사망한다. 이후 카트린의 삼남이 뒤를 이어 앙리 3세로서 왕위를 잇는다. 앙리 3세가 즉위하게 되면서 카트린은 섭정을 그만두게 되지만 이후에도 정치적인 힘을 발휘했다.

　앙리 3세는 총신들과 어울려 사치 향락을 즐기며 점차 신망을 잃어갔다. 당시 프랑스에서는 기즈공이 가톨릭 민중들에게 신망을 얻고 있었는데 그와 갈등을 빚던 앙리 3세는 결국 그를 암살한다. 이 일로 가톨릭교도들은 앙리 3세에게 앙심을 품게 되고 결국 그 역시 1589년에 가톨릭 수도자에게 암살당했다.

카트린으로 보자면 장남은 어린 나이에 병으로 죽고 차남도 24세 젊은 나이에 후사 없이 죽었다. 중이염과 결핵이라는, 오늘날이라면 치료 가능한 병들이지만, 당시에는 의술이 부실했기에 희생되었다. 그리고 삼남마저 38세의 나이에 암살당했다. 이렇게 아들이 셋이나 왕위에 올랐으나, 모두 후사를 두지 못하고 사망하여 결국 발루아 왕조는 끊어졌다. 아무리 부유하고 높은 지위에 있다 한들 자식들을 잃은 어미의 참담한 마음이 오죽했겠는가.

바르톨로뮤 대학살

금쪽같은 자식들을 줄줄이 잃을 때마다 카트린의 마음이 얼마나 기막히고 침통했을까. 하지만 그녀는 어떻게든 정신을 차려야 했다. 왕위를 비워둘 수는 없었기 때문이었다. 첫째에 이어 둘째 아들을 잃자, 셋째 아들이 앙리 3세로 왕위를 이었지만, 1589년 카트린이 죽은 지 불과 몇 달 뒤에 그마저 암살당했다. 이제 왕위는 카트린의 사위에게 돌아간다. 딸 마르그리트[10]의 남편 앙리 드 나바르 말이다.

아들들이 죽고, 딸이 남아 있긴 했지만, 당시에는 남자에게만 왕위를 물려주게 되어 있어서였다. 이로써 카트린의 사위가 앙리 4세로

---

10) 마르그리트는 앙리 2세의 마지막 후손이자 발루아 왕가 최후의 자손으로서 '마고 여왕'으로 유명하다.

왕위에 오르게 되면서 부르봉 왕조가 시작된다.

앙리 4세도 원래는 프랑스의 왕위에 오를 인물이 아니었다. 카트린의 차남인 샤를 9세가 왕위에 있을 때, 카트린은 막내딸 마르그리트를 나바르의 왕과 정략 결혼시켰다. 카트린으로서는 왕권에 도전하는 기즈 가문과 거듭 대립하는 한편, 나바르와 손을 잡으면서 프랑스 왕권을 공고히 하기 위한 목적이 있었다. 그렇게 카트린의 아들들이 죽은 후, 왕위에 오른 이가 앙리 4세였다. 그는 훗날 '선량왕 앙리 4세'로 불린다.

그런데 마르그리트와 앙리 드 나바르가 결혼할 즈음 역사적으로 큰 사건이 벌어진다. 가톨릭교도들이 결혼 축하를 위해 모여든 개신교도들을 수천 명이나 학살한 것이다. 이른바 '바르톨로뮤 대학살'이라 일컬어지는 이 사건은 1572년 8월 24일부터 10월까지 벌어졌다. 프랑스 가톨릭 세력이 파리에서 프랑스 내의 개신교 신자를 일컫는 위그노들을 학살한 사건으로서, 학살이 시작된 8월 24일 밤이 예수의 십이사도였던 바르톨로뮤의 축일이었기 때문에 이름 붙여진 사건이다.

당시 유럽은 루터로부터 시작된 종교 개혁이 한창일 때였다. 프랑스는 로마 가톨릭교도와 개신교도인 위그노 간의 대립이 차츰 격화되고 있었다. 카트린은 프랑스를 유지하고 왕권을 확립하기 위한 목적으로 개신교도와는 물론 투르크와의 협상도 거리끼지 않았다. 위그노 진영의 중심이었던 나바르 여왕 잔 달브레의 아들인 앙리 드 나바르와 자신의 막내딸을 혼인시켰던 것도 가톨릭과 위그노 간의 화평을 위해서였다. 그녀의 이런 성향을 고려하면 카트린이 성 바르톨로뮤 축일 대학살을 촉발했다는 그녀에 대한 혐의나 소문도 잘못된 것일 가능성도 크다.

유럽 제일의 상속녀 마리 드 메디치

카트린의 막내딸 마르그리트와 부부의 연을 맺은 앙리 드 나바르. 그들의 결혼은 처음부터 문제가 많았다. 정치적인 계산에 의해 이루어진 정략결혼이었기에 둘 사이엔 애정이라고는 눈곱만큼도 없었다. 결혼식 때 "평생 남편을 사랑하겠는가?"라는 질문에 마르그리트가 내답도 하시 않고 뻣뻣하게 있었나는 것만 봐도 알 수 있다. 게다가 결혼 직후 바르톨로메오 대학살까지 일어나 결혼 시작부터 온통 암울한 조짐이 있었다. 아니나 다를까 둘은 각자 화려한 외도와 이성 편력을 일삼다 결국 이혼하게 된다. 사이가 좋지 못해 기회가 없어서인지 후사도 없이 이혼했다. 앙리는 그녀와의 결혼으로 프랑스 왕까지 되었지만, 결국 그녀와 헤어지게 된다.

앙리 4세는 마르그리트와 이혼한 지 얼마 지나지 않은 1600년 10월에 재혼했다. 앙리 4세가 재혼한 두 번째 부인이자 훗날 루이 13세의 어머니가 되는 그녀는 마리 드 메디치이다. 이름을 보고 짐작했겠지만, 그녀 역시 메디치 가문 출신이었다. 생각해 보면 좀 애매하고 낯

간지러운 상황이다. 앙리 4세가 카트린의 딸과 이혼하고 재혼한 상대가 또 카트린과 같은 메디치가의 여인이었으니 말이다.

마리는 당시 27살로 앙리 4세보다 스무 살이나 어렸다. 어마어마한 유산 상속녀로서 누구나 아내로 삼고 싶어 하던 아가씨 마리를 앙리와 맺어준 것은 그녀의 삼촌이었다. 마리의 아버지가 돌아가셔서 삼촌이 그녀의 후원자 역할을 하고 있었기 때문이다. 마리의 삼촌은 1600년 4월, 마리를 그녀보다 20살 연상인 프랑스왕 앙리 4세와 약혼을 시켰고 그해 10월 두 사람의 결혼식이 피렌체에서 제일 규모가 컸던 '피티 궁전'에서 열렸다. 그 결혼식 연회 때 초연한 〈에우리디케〉가 현존하는 최초의 오페라로 기록되고 있다.[11]

앙리 4세와 마리 드 메디치의 결혼은 순전히 돈과 권력이라는 서로의 필요를 충족하기 위한 정략 차원의 것이었다. 앙리 4세는 당시 첫 부인 마르그리트와 이혼한 후 많은 빚을 지고 있었다. 빚을 갚고 나라의 재정 상태를 회복하기 위해 정략적으로 부유한 집안의 딸과 결혼한 것이다. 마리는 당시 '유럽 제일의 상속녀'라는 칭호가 붙을 정도로 엄청나게 많은 유산을 받았고, 앙리 4세는 마리와의 재혼으로 15만 파운드에 이르는 막대한 지참금을 얻었으니 말이다.

문득, 마리의 입장은 어땠을지 궁금하다. 27세의 초혼에 전 유럽이 탐내는 부잣집 아가씨가 20살이나 많은 데다 이미 결혼경력이 있으

---

11) 《오페라와 함께하는 사회탐구》 이영숙. 다른. 2019

며 무엇보다 여성 편력으로 소문난 사내와의 결혼이 내키지 않았을 것 같은데 말이다. 알 수 없는 일이긴 하다. 그녀가 권력에 관심이 많았다면 상대 남자가 프랑스 국왕이란 것 하나만으로 다른 여러 단점이 상쇄되었을 수도 있었을 테니 말이다. 하지만 무엇보다 당대로서는 그녀의 의견 따위는 중요하게 다뤄지지 않았을 가능성이 크다. 집안 어른이나 후원자가 가문을 위해 필요한 결혼이라고 판단하여 밀어붙이면 자기 생각이나 취향은 접어두고 그대로 따르는 게 당시의 법도였다. 우리나라나 서구나 명문가 결혼풍습은 별반 다르지 않았다.

과정이야 어떻든 일단 결혼했으니 행복했으면 좋았으련만, 그렇지 못했다. 피렌체에서 프랑스로 가서 왕비가 되었지만, 프랑스어를 잘하지 못했던 마리로서는 궁정 생활이 고독하고 적적했다. 남편인 앙리 4세 곁에는 항상 다른 여자가 있었다. 또한, 프랑스 왕가로서는 아무리 돈 많은 집안 출신이고 또 그 돈이 탐이 나서 결혼을 했다 해도, 왕실 사람들 눈에 메디치가는 전통적인 왕족이 아닌, 상인 집안이고 벼락부자가 된 장사꾼 집안쯤으로 생각했기 때문에 그녀를 무시하고 하대하는 분위기였다. 이런 외로움과 설움을 해소하려고 마리는 해가 갈수록 사치와 낭비가 심해졌다.

결혼한 이듬해인 1601년, 그녀는 왕위 계승자인 왕자를 낳았다. 아기는 훗날 루이13세가 된다. 이후 8년 동안 다섯 명의 왕자를 더 낳으면서 그녀의 입지는 탄탄해졌으며 앙리 4세가 궁정을 비울 땐 국정을 대신하기에 이르렀다. 앙리 4세는 자신이 일찍 죽을 것을 예감

했는지 어린 아들 루이에게 통치권을 부여하기 위해 애썼고, 1610년 5월 마리를 여왕으로 만드는 조치까지 취했다. [12]

우연의 일치였을까? 아니면 수상한 뒤가 있었을까? 1610년 마리에게 권력이 넘어가고 난 바로 다음 날 앙리 4세는 광신적인 가톨릭 근본주의자의 칼에 암살당한다. 시기적으로 기묘했기 때문에 마리가 앙리 4세의 암살에 연루되었다는 소문이 돌기도 했다. 앙리 4세의 사후, 둘 사이에서 태어난 아들이 루이 13세로 등극하지만, 당시 겨우 9살의 어린 아이였던 터라 마리가 섭정하게 된다. 그녀는 이탈리아 출신의 콘치니를 보좌관으로 중용하여 콘치니 부부의 힘을 빌려 국정을 운영하게 된다. 그런데 비록 여성 편력은 있었지만, 정치상으로는 명군으로 칭송받았던 남편 앙리 4세가 만들어놓은 모든 정치방침을 파기한다. 그리고 프랑스의 대내외 정치를 스스로 담당하게 되면서 그녀는 점점 권력에 맛을 들이게 된다.

루벤스의 그림 속에 남은 여인의 야망

루브르 박물관의 널찍한 전시실 중 하나에 들어서면 어마어마하게 큰 그림들이 벽면을 꽉 채우고 있는 곳이 있다. 가만 보면 특이하게도 그림마다 같은 여인이 반복되어 그려져 있다. 당대 명성이 높던

---

12) 《중세의 뒷골목 풍경》 양태자, 이랑, 2011

화가 루벤스가 그린 대형 그림들의 모델은 전부 앙리 4세의 왕비였던 마리 드 메디치다. 어떻게 된 일일까?

남편 앙리 4세 사후에 권력을 쥐게 된 그녀는 파리의 뤽상부르 궁전의 벽을 장식한다는 명목으로 루벤스에게 그림을 의뢰한다. 의뢰한 그림의 소재는 마리 자신의 일생이었다. 이에 루벤스는 그녀의 일생을 24점의 연작으로 그리게 된다. 그중 특히 유명한 그림은 1625년에 그려진 〈마리 드 메디치의 마르세유 상륙〉 혹은 〈마르세유에 도착하는 마리 드 메디치〉로 번역되는 제목의 그림이다. 피렌체에서 배를 타고 항해하다 프랑스 마르세유 항에서 내리는 그녀를 그린 그림인데 우스꽝스러울 정도로 과장이 심하다. 하늘에선 천사가 나팔을 불며 환영하고, 바다에서는 포세이돈이 인어와 트리톤과 함께 그녀를 환영하고 있는 식이다. 그러니까 마리의 그림 24점은 돈과 권력을 바탕으로 만든 홍보용 포스터 같은 것으로서 〈용비어천가〉의 프랑스 회화 버전인 셈이다.

마리의 섭정에 대해 한동안은 괜찮은 듯했지만, 아들 루이 13세가 점차 자라면서 그와 귀족들은 그녀의 섭정에 대해 불만이 커지게 된다. 하지만 이미 권력의 맛을 본 그녀라 아들이 커서도 계속 권좌에 대한 욕심을 버리지 못했다. 이에 루이 13세는 마리가 발탁하여 고문관으로 삼은 유능한 정치가 리슐리외 추기경을 자신의 심복으로 등용한 후 1617년에 콘치니를 처형시키고 어머니 마리를 블루아성에 유폐시킨다.

1619년에 블루아성에서 탈출한 마리는 루이 13세의 남동생인 오를레앙공 가스통과 손잡고 반란군을 이끌었지만 눈 깜짝할 사이에 프랑스군에 의해 진압되고 만다. 리슐리외 추기경의 중재 덕분에 마리는 루이 13세와 화해하여, 1621년까지 왕립의회의 일원으로 정치에 참여하게 된다.

리슐리외가 루이 13세의 재상이 되어 정치적 실권을 잡게 되자, 1630년 마리는 리슈리외를 축출하려 했다가 실패한다. 이듬해 아들 루이 13세의 명에 의해 유배당한 후 결국 프랑스에서 쫓겨난다. 그녀는 브뤼셀로 망명했다가 화가 루벤스의 도움을 받아 쾰른에 정착했다. 화가 루벤스는 1640년 그가 죽을 때까지 마리를 부양했다고 한다. 과거 자신을 믿고 대작을 의뢰해준 후원자에 대한 의리와 보은의 의미였을 것이다. 루벤스가 죽은 지 2년 뒤인 1642년 마리도 세상을 떠났다.

결혼과 함께 전파된 유럽의 식문화

1400년대부터 이탈리아는 상업의 중심지로 명성이 높았다. 우리에겐 메디치 가문이 가장 익숙하지만, 그 외에도 스포르차 가문과 곤차가 가문 등이 있어 서로 경쟁하듯 문화와 예술을 발전시켰다. 메디치가가 화가와 조각가들을 후원했다면 곤차가 가문은 특히 오페라에 기여한 바가 크다. 이들 가문은 식문화에도 예외가 아니어서 음식을 소개하고 맛에 대한 연구를 계속하여 이탈리아 요리에 대해서는 유럽 내에서 최고의 위치를 차지하고 있었다.

　메디치가의 두 여식인 카트린과 마리는 프랑스 왕실로 시집가서 이탈리아 요리와 식문화를 프랑스에 전수한다. 두 여인이 태어나 자란 피렌체의 메디치가는 이탈리아 토스카나 지역에 있는데, 이 지역은 아펜니노산맥과 티레니아해로부터 나오는 자연식자재가 풍부해서 아직도 미식의 전통이 남아 있다. 질 좋은 포르치니 버섯과 올리브유가 많이 생산되며, 키아나 소고기로 만드는 비프스테이크와 키안티 와인으로도 유명하다. 카트린 드 메디치는 앙리 2세와 결혼하여 프랑스에 마카롱을 비롯한 과자류와 아이스크림 등 이탈리아의 요리법을 대중화시켰다. 이 시기에 처음으로 메뉴와 식사하는 규칙이 남긴 인쇄물을 제작했고, 식탁에서의 예절도 서서히 발전하였다. 요리뿐만 아니라, 냅킨과 개인용 나이프를 사용하게 된 것 또한 이탈리아의 문화가 프랑스에 전수된 것이다. 그렇다고 식문화가 이탈리아에서 프랑스로 일방적으로 넘어간 것만은 아니다. 훗날 반대로 프랑스의 빵이 이탈리아에 영향을 주기도 했다. 대표적인 것이 프랑스의 크루아상이다.

　루이 16세의 부인이었던 마리 앙투아네트는 오스트리아 공주 출신으로 그녀가 프랑스로 시집오면서 오스트리아의 크루아상이 프랑스에 전파되었다. 이후 프랑스로 전래 된 크루아상은 다시 이탈리아로 넘어가 꼬르네또로 정착하게 된다.

크루아상과 꼬르네또는 겉모양부터 비슷하다. 겉모양을 보면 크루아상과 별 차이 없지만, 크로아상이 초승달이란 이름에 걸맞게 끄트머리를 동그랗게 말아 올린 모양인 데 비해, 꼬르네또는 휘지 않고 끄트머리가 뽀족한 채다. 그 외에 크로아상이 버터를 많이 사용하여 반죽 사이사이에 켜켜이 들어가게 만들어 바삭거리는 과자 질감이 나는 반면에 꼬르네또는 버터를 적게 넣고 설탕을 더 넣어서 부드러운 빵의 느낌이 좀 더 강하게 나는 정도가 다르다.

이탈리아만 프랑스에 영향을 준 것은 아니다. 스페인의 식문화 또한 프랑스에 깃들어 있다. 이 역시 스페인의 두 왕녀가 프랑스로 시집가면서 영향을 끼친 것이다.

루이 13세의 비였던 안나 데 아우스뚜리아는 스페인이 그리울 때면 까탈루냐에서 시작된 스페인 음식인 '오야'를 즐겨 먹었다. 오야는 '오야'라고 하는 항아리처럼 생긴 냄비에 병아리콩을 비롯한 여러 재료를 넣고 푹 끓인 스페인 요리였는데, 오늘날 프랑스에선 그 요리는 먹지 않지만, 그 냄비는 '오유oille'라는 이름으로 여전히 남아 있다.

루이 14세의 비였던 마리아 테레사도 스페인 공주 출신으로 그녀는 스페인이 아메리카대륙 발견 이후로 스페인 지배층에 퍼진, 초콜릿 음료와 설탕 과자를 비롯한 스페인 음식들을 프랑스 궁중에 전수했다. 물론 그녀들이 직접 요리를 한 것은 아니고 그녀들이 데려간 요리사들에 의해 스페인 요리와 식문화가 프랑스에 전수되었다.

이외에도 중세 유럽에서는 왕실과 명문 가문들의 결혼으로 인해

한 나라의 식문화가 다른 국가로 번져나가는 일이 적지 않았다.

예를 들어 스페인에 꾸비에르또, 즉 한 사람분의 스푼과 포크, 나이프 세트를 식탁 위에 두는 관습은 17세기 말에 가서야 정착되었다. 이 역시 스페인으로 시집간 프랑스의 공주가 식탁 문화를 전수했을 가능성이 크다. 프랑스에서는 엘리자베트라 불리다가 스페인에서는 이사벨라 왕비로 불렀던 그녀는 앙리 2세와 카트린 사이에서 태어난 딸이었다. 앞서 그녀의 결혼 연회 때 앙리 2세가 마상경기로 사고당한 얘기를 했다. 그녀가 스페인의 펠리페 2세의 세 번째 부인으로 시집을 가서 딸 둘을 낳고 살았던 거다. 이탈리아의 고급 식탁 문화를 프랑스에 전했던 엄마 카트린처럼 그녀 역시 스페인에 그 식탁 문화를 전했으리라.

이래저래 유럽은 각국이 서로 영향을 주고받으며 역사와 문화를 이루어왔다고 하겠다. 온 유럽의 상류층 식문화가 다 프랑스로 흘러들어오고 프랑스에서 나가게 된다. 그러면서 프랑스는 미식의 나라로 각인되어 다른 나라에 영향을 끼치게 되었다.

최고의 음식점을 선정하는 미슐랭가이드 별점이며 고급 의상 오트쿠튀르를 보면 알 수 있듯이 어느 순간부터 프랑스가 맛과 미를 선도하고 있는 것도 역사적으로 '맛있는 것', '멋있는 것'을 탐식하고 탐미했던 유럽 상류층 여인들이 결혼을 통해 프랑스로 건너갔던 것이 이유일지도 모르겠다.

남편인 왕들이 정치와 외교를 하고 전쟁을 벌이며 역사를 만들어가고 정부와 놀아나는 동안, 왕비들은 왕의 정부들에 속을 끓이고 왕실의 법도에 버거워하는 와중에 또 하나의 역사를 만들어갔다. 그녀들이 의식했든 못했든 그녀들은 식탁 위의 음식을 바꾸고 식문화를 바꾸는 데 큰 역할을 했다.

카트린과 마리, 그리고 마카롱

지금까지 살펴보았듯이 유럽 최고 부자 가문에서 태어나 프랑스 왕비로서 살았던 두 여인, 카트린과 마리. 부귀영화를 다 가져 행복했을 것 같지만 그렇지만도 않았다는 것을 알 수 있었다.

카트린은 태어난 지 얼마 안 되어 고아가 되었고 두 여인 모두 결혼 후 오래도록 남편의 바람기와 정부들로 인한 모욕을 견뎌야 했다. 카트린은 불의의 사고로 남편 앙리 2세를 잃었고, 마리는 남편 앙리 4세를 종교적 보복으로 인한 암살로 잃었다. 그녀들의 아들들이 왕위를 이었으나 카트린의 아들들은 셋이나 후사 없이 죽었고 사위가 왕위에 앉았지만, 배은망덕하게도 바람을 피워댔고 딸 역시 정략결혼에 반발하듯 맞바람을 피워대다 후사도 없이 결국 이혼했다.

카트린의 딸과 이혼한 카트린의 전 사위가 재혼한 여인이 메디치가의 마리라는 사실도 또한 쓸쓸한 웃음을 짓게 한다. 루브르 박물관의 커다란 방 하나를 빼곡히 메울 정도로 자신의 일대기를 그림으로 남겼던 마리지만, 그녀의 삶 역시 그림처럼 화려하거나 행복하지는 못했다. 권력을 두고 아들과 투쟁하다 결국 쫓겨나서 다른 나라로 망명해 살다 죽었으니 말이다.

　유럽 최고 부자요 명문가 출신이며 프랑스 왕비였다는 것은 빛 좋은 허울일 뿐 그녀들의 삶은 겉만 화려하고 안으로는 빈약하기 그지없었다. 그녀들은 살면서 어떤 행복을 바라고 찾고 누렸을까? 고단하고 처참하고 신산했을 삶의 고비마다 마카롱은 한 조각 달콤한 위안을 주었을까? 마카롱을 볼 때면, 그 작고 예쁜 과자를 베어 물고 단맛에 취할 때면, 화려한 삶 뒤로 남모르게 눈물짓고 한숨 쉬었을 역사 속 그녀들이 떠오른다. 그리고 생각한다. 오늘날 평범하고 소박한 우리네 일상이 얼마나 다행하고 감사한 지를 말이다.

제 5 장

에그타르트

매케니즈 음식의 대표 주자 에그타르트

'동양의 라스베이거스' 또는 '아시아의 작은 유럽'이라 불리는 곳이 있다. 24시간 불야성을 이루는 카지노와 즐비한 서양 건축물들로 이국적인 느낌이 물씬 나는 도시, 바로 마카오다. 마카오는 특이한 도시다. 동양에 있으면서도 중국에 거주하던 동양인들과 포르투갈 혼혈인인 '매케니즈'들을 자주 볼 수 있다. 매케니즈는 '마카오'와 '차이니즈'를 합쳐서 부르는 말이다. 또, 마카오는 중국의 식자재로 광둥요리와 포르투갈요리를 퓨전한 매케니즈 음식으로도 유명하다.

이 매케니즈 음식 중 대표적인 것이 '에그타르트'다. 에그타르트는 작고 동그스름한 페이스트리 틀 안에 노르스름한 커스터드 크림이 들어 있는 빵이다. 원래 '타르트'라고 하는 빵의 형태는 프랑스에서부터 유래했다. 밀가루 반죽으로 그릇처럼 틀을 만들고 그 위에 딸기나 블루베리, 견과류 등 다양한 식재료를 담는 형태다. 밀가루 반죽으로 덮개까지 만들어 익히면 파이가 되고, 덮개 없이 내용물이 보이도록 하면 타르트가 된다. 타르트는 모양새도 예쁘지만, 그릇이라 할만한 것이 많지 않았던 과거에는 그 자체로 그릇의 역할도 했기에 연회 등 많은 사람을 동시에 대접해야 할 때, 여러모로 유용했다. 타르트는 프랑스에서 시작됐지만, 달걀을 넣어 만드는 에그타르트는 포르투갈에서 시작되었다.

　포르투갈의 수도 리스본에는 '파스테이스 드 벨렘Pasteis de Belem'이 있다. 번역하자면 '벨렘 제과'쯤 되는 이곳에는 샌드위치며 쿠키 등 구색을 갖춰놓았지만, 손님들은 거의 '나타'를 주문한다. 나타는 포르투갈어로 에그타르트를 뜻한다. 흰 바탕에 푸른색 문양이 들어간 아줄레주 타일로 벽면을 꾸민 넓은 빵집 안에 손님들이 빼곡한 것은 물론이고 에그타르트를 사려는 손님들로 인해 가게 앞에도 늘 긴 줄이 이어진다. '무슨 과자 한 조각 먹겠다고 이렇게까지 번잡하게 하나?' 싶지만, 막상 버터 향 나는 바삭한 페이스트리에 달걀노른자를 주재료로 만든 커스터드 크림의 부드럽고 촉촉한 맛을 보면 생각이 달라진다. 게다가 에그타르트와 더불어 나오는 흰 냅킨에 보라색, 파란색 잉크로 선명하게 찍힌 숫자 '1837'를 보면 5대째 에그타르트를 만들고 있다는 자부심이 느껴진다. 이쯤 되면 단순한 과자나 디저트가 아니라 역사를 맛보는 것이다. 묵직한 무게감이 느껴지지 않는가? 그렇다고 해서 이 빵집에서 에그타르트를 개발한 것은 아니다.

쓰고 남은 달걀노른자로 만들어진 빵

포르투갈의 수도 리스본의 서쪽에 있는 벨렘 지구에는 웅장한 자태를 자랑하는 정교하고 아름다운 수도원이 자리하고 있다. 어마어마한 규모의 이 수도원은 제로니무스 수도원이다. 지금은 관광지로 이용되지만, 1820~1830년경 문을 닫기 전까지는 수도원으로 사용했던 곳이다.

벨렘 제과 사장은 인근에 있던 이 제로니무스 수도원에서 기술을 배웠다고 한다. 전하는 말에 의하면 수도사들이 수도복을 빳빳하게 하려고 달걀흰자를 사용하다 보니 달걀노른자만 남게 되었고, 그것을 이용해서 개발한 음식이 '나타' 즉, 에그타르트였다고 한다.

사실 개인적으로 이 설은 좀 믿기 어렵다. 요즘은 달걀이 흔해졌지만, 내가 어렸던 1970년대까지만 해도 우리나라에서도 달걀이 만만하게 먹을만한 식재료는 아니었다. 달걀부침을 학교 도시락 반찬으로 가져가는 날이면 급우들에게 안 뺏기려고 달걀프라이를 도시락 아래에 깔고 그 위를 밥으로 덮어서 가곤 하던 시절이었다. 그 이전에는 집안 어른이나 가장의 밥상에나 놓이던 음식이었다. 하물며 16세기 ~19세기 초라면 더 귀하지 않았을까? 물론 포르투갈이 잘나가던 시대긴 했지만 그래도 청빈을 덕목으로 삼는 수도원에서 달걀을 그렇게 대량으로 낭비했을까에 대한 의문이 인다. 굶주리던 사람들이 수도원을 찾아가면 수도사들은 그들에게 먹을 것을 먼저 제공하고 나중에 먹었다고도 하고, 빵 한 조각에 채소 두 종류가 식단의 전부였다고도 하며, 크리스마스 같은 특별한 때가 아니면 버터를 먹지 못했다던 그 시절의 수도원 상황을 생각하면 더욱 신뢰하기 힘들어진다.

게다가 쌀가루나 밀가루로 풀 먹여 다리는 걸 그들이라고 몰랐을까? 수도복이면 회색이나 갈색, 검정처럼 어두운색이 대부분이었을 텐데 흰자를 묻혔다고? 게다가 달걀흰자가 말라붙으면 그 고단백 가루를 뜯어먹겠다고 개미며 해충들이 바글바글 달려들었을 텐데…. 의문이 꼬리에 꼬리를 문다.

그보다 좀 덜 알려진 설로는 수도사들이 미사에 사용할 빵을 만들 때 달걀흰자를 넣고 남은 노른자로 에그타르트를 만들었다는 설이 있는데, 나는 이 설이 좀 더 신빙성이 있다고 생각한다. 하지만 이 설 또한 완벽하게 믿긴 어렵다. 천주교 미사에 사용되는 빵은 밀가루와 물로만 반죽하기 때문이다.

대부분의 음식 원조는 사실 명확히 가려내기가 어렵다. 원래 원조에는 믿거나 말거나 한 여러 이야기가 전설처럼 내려오는 법이다. 소머리국밥집이나 신당동 떡볶이집만 해도 서로 원조라 우기는 집이 많다. 그러니 에그타르트는 원조집이 분명히 존재하는 것만으로도 위안으로 삼고 넘어가도록 하자.

홍콩식 vs 마카오식

에그타르트는 아래쪽의 과자 그릇 부분과 가운데 크림 부분으로 나눌 수 있다. 과자 그릇 부분은 크루아상이나 빵 드 쇼콜라를 만들 때 사용하는 반죽 만드는 법과 비슷하다. 밀가루 반죽을 밀대로 밀어 얇게 펼친 뒤 그 위에 버터를 바르고 그 반죽을 마치 손수건 접듯 차곡차곡 접은 다음에 밀대로 다시 반죽을 얇고 넓게 펼친다. 이런 과정을 여러 번 반복한다. 꽤 성가시고 손이 많이 가는 과정이다. 왜 굳이 이래야만 할까. 처음부터 반죽에 버터를 섞어서 그냥 빵틀에 넣어 구우면 될텐데 말이다. 하지만 그렇게 하면 얇게 켜켜이 만들어지는 층이 생기지 않는다. 버터가 밀가루 반죽에 있는 글루텐을 차단해야 얇은 종이가 여러 장 있는 것처럼 되는 페이스트리가 되고, 그래야 바삭바삭한 식감을 살릴 수 있다.

그런데 이러한 번거로운 과정을 생략하고 손쉽게 반죽하여 만든 에그타르트가 있다. 바로 홍콩 스타일의 에그타르트다. 홍콩의 에그타르트는 쿠키 반죽으로 구워낸다. 쿠키나 비스킷 같은 것을 부수어 꾹꾹 누른 뒤에 오븐에 구워내어 에그타르트의 그릇 부분을 만드는 것이다. 혹은 비스킷 만들 때처럼 반죽하여 틀을 만들기도 한다. 이렇게 하면 그릇 부분은 고소하고 단단하게 된다. 홍콩식 에그타르트는 타르트 도우를 사용하기 때문에 쿠키의 식감이 강하며 촉촉하다. 정통 포르투갈식으로 만든 마카오 에그타르트와 비교하면 바삭한 식감은 조금 떨어진다.

대항해시대를 연 포르투갈

사실 포르투갈은 제과 제빵을 논할 때 자주 언급되는 나라다. 우리나라에서 쓰는 '빵'이라는 말도 포르투갈어 '팡pao'이 일본을 거쳐 우리나라에 들어온 것으로, 세계에는 영어인 '브래드bread' 대신 '빵pang'이라 부르는 곳이 제법 있다. 포르투갈어 빵이 일본을 거쳐 우리나라에 정착하기까지 어떤 사연이 있었을까? 이 문제는 6장 '카스텔라' 편에서 언급하기로 하고 여기서는 에그타르트에 집중해 이야기를 이어 가보도록 하자.

포르투갈의 에그타르트보다 단맛이 덜하긴 하지만, 먼 중국 땅 마카오에서 포르투갈식 에그타르트가 애용된 데는 어떤 연유가 있는 걸까? 그것은 포르투갈의 해양탐험 결과였다. '대항해시대'를 연 선두주자로 꼽히는 포르투갈은 15세기부터 약 150년간 차근차근 바다를 탐험했다. '포르투갈Portugal'이란 명칭 자체가 라틴어 '포르투스Portus 항구'와 '칼레Cale 서쪽'의 합성어인 '포르투스 칼레Portus Cale', 즉 '서쪽 항구'에서 나왔다.

유럽의 서쪽 끝이라는 지정학적 위치로 인해 대서양을 접하고 있는 포르투갈은 일찌감치 해양으로 눈을 돌리게 되었다. 당시 인도에서 보석이나 향신료를 가져오려면, 서아시아 육로와 지중해를 이슬람 세력인 오스만 튀르크가 막고 있었으므로 바닷길을 개척하는 수밖에 없었다. 이에 포르투갈은 대서양을 통해 세계로 뻗어나갈 꿈을 꾸게 된다.

황금과 후추 그리고 십자가를 위한 새로운 바닷길

대항해시대란 15세기 초 포르투갈의 아프리카 항로개척을 시작으로 15세기 말 콜럼버스의 아메리카대륙 발견을 거쳐 16세기에서 17세기 초에 이르는 유럽 각국의 항해 탐험 시기를 가리킨다. 대항해시대를 거치면서 동서양의 왕래가 잦아지고, 오늘날의 세계와 비슷한 세계지도가 완성된다. 대항해시대를 말할 때면, 콜럼버스보다 이전에 포르투갈의 항로개척을 시작했던 한 인물로 초점이 맞추어진다. 포르투갈의 항해 왕자 엔리케가 바로 그 주인공이다. 포르투갈이 전 세계를 좁다 하고 활보하게 된 데는 해양탐험의 발판을 단단히 다졌던 그의 공이 컸다.

엔리케는 지금의 포르투갈에 해당하는 루시타니아의 주앙 1세의 셋째(어떤 기록엔 넷째) 아들로 태어났다. 스물한 살 되던 해인 1415년 7월, 그는 부왕인 동 주앙 1세와 형들을 따라 200여 척의 군함과 1만 9,000명의 병사로 북아프리카의 세우타를 정벌하는 데 성공한다. 세우타는 지브롤터 해협의 맞은편에 있는 오늘날의 모로코 북부에 해당하는 곳으로, 771년 아랍인들이 그곳을 정복한 이후 북아프리카의 전략적 요충지이자 이슬람 세계의 무역항이었다. 세우타가 함락된 후, 포르투갈군이 가져온 전리품들을 보고 엔리케 왕자는 놀라게된다. 값진 물건들이 많았기 때문이었다. 후추, 정향, 생강과 같은 향신료와 비단, 양탄자, 보석, 놋쇠, 그리고 황금이 있었다. 그는 특히 향신료와 금에 주목하게 된다. 향신료는 부피가 작고 가벼우면서도 웬만한 보석보다 값나가는 물건이었기 때문이다. 향신료는 아랍 상인들이 인도와 중국에서 가져온 것이었고, 황금은 아프리카의 사하라 사막 너머에서 온 것으로 그곳에 황금이 많다고 했다. 그 이야기를 들은 엔리케 왕자는 포르투갈이 그 먼 땅으로 가기 위한 바닷길을 열어야겠다는 생각을 하게 된다.

당시 유럽에서는 지중해든 대서양이든 바닷길이 매우 중요했다. 그 이유는 유럽인들이 인도를 비롯한 동양에서 나는 덩굴식물의 작은 열매를 구하기 위해 안달이 나 있었기 때문이다. 그 열매는 바로 후추였다.

후추는 유럽인들을 매혹했다. 중세 유럽에서 후추는 금에 버금갈 만큼 고가로 거래되었다. 세금이나 집세를 후추로 내기도 했을 만큼 가치가 인정되었다. 후추 이외에도 정향이나 육두구, 사프란 등의 향신료의 인기도 하늘을 찔렀다. 이들 향신료는 원산지와 판매지에서의 가격 차이가 커서 무역품으로 대단히 매력이 있었다. 동방의 향신료를 유럽으로 가져오기만 하면 벼락부자가 될 것은 불을 보듯 뻔했다. 하지만 돈 벌 길이 뻔히 보여도 아무나 나설 수 없었다. 당시 지중해는 아랍 상인들이 장악하고 있었기 때문이다.

육로 또한 아랍인들이 장악한 곳이 많았고, 오늘날처럼 철로나 고속도로로 닦여진 길이 아니었기에 여간 불편한 게 아니었다. 게다가 무거운 짐을 잔뜩 싣고 먼 길을 나서기엔 지형도 험난했고, 물건을 실을 마차의 바퀴도 금속이 아닌 나무였다. 한참 후인 1848년 캘리포니아에서 금광이 발견되어 포티나이너스[13]가 몰릴 때, 동부에서 미국을 횡단하여 떠나던 마차도 나무 바퀴여서 곳곳에서 내려앉았다. 그랬으니 그보다 더 옛날 유럽과 아시아를 잇는 길에선 오죽했겠나. 게다가 그 짐이란 것이 향신료라면, 금과 같은 무게로 팔리는 고가품이라면 도적이 출몰하여 재산도 생명도 위험할 터였다. 그러니 동방으로 가는 새로운 바닷길을 찾는 데 눈을 돌리게 된다.

거기에다 엔리케에게는 해양 개척에 또 다른 목적이 있었다. 그것은 가톨릭 교리를 널리 전파하겠다는 소명이었다. 이상할 것도 없이 당시에는 그만큼 종교가 만연했다. 사그레스에 있는 그의 궁전에서 출발하는 각각의 배에는 돛대마다 붉은 십자가가 그려져 있었다. 새로운 땅을 찾고 그 땅의 사람들을 가톨릭으로 개종시키려는 목적을 분명히 한 것이다.

엔리케 왕자가 의도하지는 않았겠지만, 그의 사후 포르투갈이 세계의 해상을 장악하며 뻗어 나갈 때, 포르투갈인들의 종교를 내세운 잔혹한 행위들과 관용 없는 선교는 증오와 반감을 초래하기도 했다. 그들은 남인도의 고아 지역에서는 이슬람교도를 공격했고 인도 사원을 파괴했으며, 종교재판과 심문제도를 도입했다. 포르투갈 배들은 메카로 가던 중인 이슬람 순례자들의 배들을 침몰시켰다. 아시아 상인 중 포르투갈인들과 교역을 하는 이들은 일부였다. 다른 이들은

---

13) 미대륙 개척시대에 금을 찾아 캘리포니아로 몰려든 사람들을 지칭하는 말

포르투갈인들이 지배하는 도시를 들리지 않고 그들이 예전부터 해 왔던 무역패턴대로 무역했다. 포르투갈인들의 잔악상에 대해 익히 들어 알고 있었기 때문이었다.

해양 제국 포르투갈의 전초기지 사그레스성

포르투갈은 1415년, 세우타 정복을 시작으로 아프리카 내륙지역 에 대한 많은 정보를 입수할 수 있었다. 세우타는 이슬람 문명권과 가톨릭 문명권 간의 전략적 요충지이자, 아프리카대륙 진출의 교두 보였던 터라 엔리케는 세우타의 아랍상인들로부터 아프리카에 대한 많은 정보를 수집하며 대서양의 남쪽으로 더 내려갈 야망을 키우게 되었다.

세우타 정복 이후, 포르투갈로 돌아온 엔리케는 포르투갈 남부 알 가르베 주의 주지사 자리에 앉게 된다. 그때부터 그는 탐험에 대한 열망을 안고 대항해시대를 착실하게 준비한다.

우선 알가르베 남서쪽 끝에 있는 사그레스곶의 암석 지대에 사그 레스 성을 쌓았다. 그리고 그곳에 사그레스 항해연구소를 설립하여 세계 각지의 인재들을 초빙하여 항해에 관한 모든 지식을 교환하고 연구하게 했다. 특히 당시 유럽에서 최고의 지도 제작자로 알려진 유 대인을 초빙하여 거의 모든 지구 관련 자료를 얻었다. 우수한 조선기 사, 항해탐험가, 지리학자, 천문학자, 항해 도구 제작자 등이 소문을 듣고 찾아오기도 했다. 그리하여 사그레스 성에는 항해에 필요한 정보와 지리 관련 지식이 각종 지도와 항해 관련 서적, 기행문 등과 함께 수집되었다. 자료가 축적되어가자 이 자료를 보기 위해 세계 도처의 전문가들이 모여들었고, 이들이 나눈 대화와 연구가 다시 기록으로 남아 사그레스 성에 보관되었다. 이러한 선순환으로 사그레스 성은 거대한 학교요 도서관이자 천문대로서 항해를 준비하는 두뇌 역할을 하게 되었다.

엔리케는 사그레스에서 20킬로미터 떨어진 라고스에 항구와 조선소도 만들었다. 조선 기술자들은 원거리 해양탐험에 유리하게 만든 캐러벨이란 포르투갈식 범선을 개발하기도 했다. 원양 탐험을 하기 위해서는 속도가 빠르면서도 거친 풍랑을 이겨낼 수 있는 배가 필요했기 때문에 삼각돛 세 개를 달아 맞바람에도 나아갈 수 있도록 배를 개조한 것이다. 또한 항해 도구 제작자들은 '사분의'와 같은 항해 도구를 만들었다. 사그레스곶에 세운 항해연구소는 향후 포르투갈이 대항해시대를 열어 100여 년 동안 해양 제국으로 번성하는 데 크게 이바지했다.

엔리케 왕자는 포르투갈에서 멀지 않은 곳에 있는 마데이라 제도와 아조레스 제도를 개척하기를 원했다. 기금을 마련하여 탐험 원정대를 아낌없이 후원한 결과 1419년에는 무인도인 마데이라섬을 발견하여 이듬해 포르투갈인을 이주시켰다. 1427~1431년에는 역시 무인도인 아조레스 제도를 발견하여 1445년 포르투갈인을 이주시커 영토로 삼았다.

이는 사실 발견이라고 하기엔 문제가 있다. 두 곳 모두 14세기에 제노바 사람들이 이미 다녀간 곳이기 때문이다. 하지만 그들은 의미 있는 후속 조치를 하지 않았기에 세계사에서 잘 언급되지 않는다. 그에 반해 엔리케 왕자는 새로 발견한 아조레스 제도에 식민지를 개척한 후 이들 섬에 사탕수수 플랜테이션을 세웠다. 사탕수수 재배를 위한 노동력은 아프리카 흑인 노예에게 의존했다.[14] 이곳에서 사탕수수로 설탕을 만들고 그 부산물로 럼주를 만들면서 포르투갈 왕실에 재정수입을 늘릴 수 있었다.

아조레스 제도에 식민지를 개척해가는 와중에도 엔리케는 선장과 선원들을 훈련하는 등 진두지휘하며 라고스 항에서 남쪽의 '암흑바다'로 끊임없이 딤힘내들 내보냈다. 암흑바다란 아프리카 서해안 카나리아 군도 바로 남쪽에 톡 튀어나온 보자도르곶 앞바다를 말한다. 이곳은 암초가 많고 물결이 높지만 지날 수 없는 바다는 아니었다. 하지만 당시 뱃사람들은 암흑바다 너머에는 세상의 끝이 있다고 두려워했다. 그것을 미신이라 믿은 엔리케 왕자는 연이어 탐험대를 보냈으나 번번이 실패하고 돌아오기만 했다.

---

14) 《커피, 설탕, 차의 세계사》 이윤섭, 필맥, 2013

항해 왕자 엔리케의 암흑바다 정복

바닷길을 찾기 위해선 우선 바다 여행에 대한 두려움을 극복하는 것이 먼저였다.

15세기 초반의 포르투갈 사람들은 오늘날 우리와 같은 눈으로 세상을 보지 않았다. 당시엔 지리적 지식이 형편없었기 때문에 신화나 전설 같은 이야기들이 믿었다. 포르투갈인들 역시 아프리카 열대지역에는 아무도 살지 않는다고 생각했고, 바다 가운데엔 끓는 물이 있고, 먼바다에는 머리에 뿔이 달리고 입으로는 불을 뿜어대는 거대한 괴물이 산다고 믿었다. 또 바다 끝에 가파른 절벽이 있어서 먼 바다로 나가면 배가 그 아래로 떨어져 죽게 된다고 생각했다. 그런 미신에 사로잡힌 사람에게 먼 바다로 항해하는 일은 위험천만한 일로, 목숨을 걸어야 하는 일이었다. 그러니 아프리카 해안 원정대를 꾸릴 때 나서는 선원들이 없어서 곤란할 지경이었다.

엔리케 왕자는 그러한 미신이 만연하던 때에 뱃사람들과 국민 사이에 널리 퍼져있던 미신들을 과학적 지식을 토대로 설득하여 해양 개척에 나섰다.

그는 해안 원정 탐험대를 후원하여 연이어 20여 차례나 탐험에 내보내곤 했는데, 1434년 길 에아네스 선장이 캐러벨을 이끌고 서아프리카 해변의 보자도르곶을 돌아 포르투갈로 돌아오는 데 성공한다. 비록 보자도르곶을 다녀오지는 않았지만 멀찌감치 돌아 남쪽으로 내려간 것이다. 암흑바다 남쪽에는 세상의 끝이 있다는 미신과 달리 그들이 발견한 것은 잔잔하고 푸른 바다였다. 이로써 세상의 끝이라는 암흑바다는 정복되었다.

암흑바다 너머에 세상의 끝이 아니라 바다가 있음을 알게 된 엔리케는 원정대를 조금씩 더 멀리 보냈다. 1441년의 원정대는 블랑코곶까지 갔고, 1445년에는 아프리카 서쪽에서 가장 튀어나온 베르데곶을 지나, 마침내 세네갈강과 감비아강에 닿았다.

엔리케 왕자는 1460년 눈을 감을 때까지 40년간 사그레스성에 머물며 대항해시대의 발판을 다졌다. 그는 1498년 바스쿠 다가마가 아프리카의 희망봉을 돌아 인도 항로를 발견하기 이전에 죽었지만, 생전에 그가 후원하던 탐험대는 2,000킬로미터에 이르는 아프리카 서해안을 발견하고 답사하는 업적을 이뤘다. 이후 동양과 서양은 활발한 교역을 할 수 있게 되었고, 이로 인해 유럽인들의 탐험과 발견을 위한 새로운 무대가 열리게 된다.

한 나라의 왕자가 어쩌다 바다에 꽂히게 된 걸까? 장남도 차남도 아니었기에 권력 서열상 왕위와는 거리가 있어서였을까? 그는 평생 권력 욕심 없이 결혼도 하지 않은 채 그저 탐험과 교육 사업에 헌신했다. 엔리케가 실지로 직접 배를 타고 먼 바다로 나간 일은 없었지만 해양 탐험에 쏟은 공적들로 인해 그에겐 '항해 왕자'라는 별명이 붙게 된 것이다. 그의 리더십과 용기, 도전은 오늘날에도 자주 언급되곤 한다.

인도로 가는 바닷길이 열리다

포르투갈의 대항해시대의 문을 연 엔리케 왕자. 그는 갔어도 생전에 그가 뿌린 씨앗은 점점 자라 풍성한 열매를 맺는다. 그의 사후, 1487년 8월, 바르톨로메우 디아스는 포르투갈의 왕 주앙 2세의 명을 받아 인도로 가는 뱃길을 찾아 리스본에서 출발한다. 하지만 폭풍과 같은 악천후로 인해 포기하고 1488년 12월에 리스본으로 귀항했다. 리스본을 떠난 지 16개월 만이었다. 거친 폭풍우로 포기하기는 했지만 의미 있는 항해였다. 아프리카 남단을 돌아 인도양으로 들어선 항해였고, 인도로 가는 뱃길을 찾을 수 있을 거라는 믿음을 갖게 된 항해였기 때문이다.

아프리카 남단 항로를 발견한 뒤로도 주앙 2세는 육지로 보낸 쿠비양을 기다리느라 9년을 그냥 보냈다. 그 사이에 스페인의 후원을 받은 콜럼버스가 새로운 땅을 발견했다는 소식이 전해진다. 주앙 2세는 땅을 치며 후회했다. 하지만 이미 벌어진 일. 그는 정신을 가다듬고 조금이라도 포르투갈의 이익을 얻고자 했다. 주앙 2세는 콜럼버스가 발견한 섬들이 포르투갈 영토인 아조레스 군도와 가깝다는 사실을 들먹이며 아메리카대륙이 포르투갈 땅이라고 우겼다. 애초에 포르투갈이 콜럼버스의 청을 들어주어 그를 후원했더라면 아메리카대륙 전체가 포르투갈령이 되었을 것이다. 그랬다면 지금의 중남미 국가들은 모두 스페인어가 아닌 포르투갈어를 쓰고 있을 것이다. 한 순간의 결정이 커다란 차이를 낳은 것이다.

스페인과 포르투갈은 땅을 두고 다투다가 토르데시야스 조약을 맺었다. 포르투갈은 아직 자세히 알려지지 않은 브라질을 차지하고 다른 신대륙은 포기하는 대신 인도로 가는 동쪽 항로를 차지하기로 했다. 사실 스페인과 포르투갈은 영토분쟁을 하면서도 그들이 다투는 영토의 범위나 규모가 어느 정도 되는지 정확히 알지 못했다.

1495년 포르투갈 왕이 된 마누엘 1세는 바스쿠 다 가마에게 디아스가 찾은 항로를 따라 인도로 가는 뱃길을 개척하라는 임무를 맡겼다. 가마는 좀 거친 성격이기는 했지만 뛰어난 항해술에다 용기와 외교 능력도 갖춘 적임자였다. 1497년 7월 8일 바스쿠 다 가마는 리스본에서 출발해서 대서양과 인도양이 연결되어 있다는 것을 증명해 보였다. 희망봉에는 1497년 11월 22일에 도달했고, 이후 1498년 5월 20일 인도의 캘리컷에 도착함으로써 마침내 인도 항로를 개척한 것이다.

그런데 갈 때 23일 걸린 아라비아해를 올 때는 맞바람을 받으며 항해하느라 석 달이나 걸려 돌아왔다. 이처럼 항해가 길어지자 괴혈병 환자가 속출했다. 괴혈병은 비타민C 섭취 부족으로 생기는 병인데, 당시에는 원인을 몰랐기에 많은 희생이 따랐다. 1499년 9월 9일 가마 선단이 리스본에 입항했을 때, 2년 2개월에 걸친 대항해에서 살아 돌아온 사람은 출발 당시 168명 중 겨우 55명에 불과했다. 3분의 2가 죽을 정도로 당대의 항해는 위험천만한 것이었다. 그런 인도 항해를 가마는 세 번이나 강행한다. 그리고 1524년 9월에는 인도 총독으로 취임한다. 그러나 세 번의 험난한 항해와 인도에서의 막중한 업무 탓인지 그는 취임한 지 석 달만인 1524년 12월 24일 사망한다.

가마가 세 차례 항해하면서 인도 항로를 개척한 일은 세계의 역사를 바꾸어 놓았다. 인도로 가는 바닷길이 개척되자 육로를 이용할 때 중동 지방의 이슬람교도에게 물어야 했던 비싼 통행세를 내지 않아도 되었다. 그로 인해 이전보다 훨씬 싼 가격으로 향신료가 유통되게 되었다. 이탈리아 도시국가들이 요구하는 가격의 5분의 1 정도밖에 안 되는 가격이었기 때문에 향신료 무역으로 흥했던 베네치아, 제노바와 같은 이탈리아의 도시국가들은 쇠퇴의 길을 걷게 된다. 이로써에게 문명으로부터 그리스 로마를 거쳐 이탈리아의 도시국가들에 이르기까지 지중해를 중심으로 이루어지던 동방무역이 이제는 바다를 통해 활발하게 이루어지게 되었다.

아시아의 무역 거점 마카오

엔리케 왕자의 탐험에 대한 열망과 주도면밀한 준비에 힘입어 포르투갈은 해양탐험에 독보적인 위치에 오르게 된다. 그의 사후 50년이 채 안 되어 포르투갈인들은 군사와 해외 초소에 있던 상인으로 교역제국을 세웠다. 포르투갈인들은 아프리카의 동쪽 해안을 차지하고 유럽과 아시아 사이의 향신료 무역을 통제했다. 1500년대에 이르면 교역의 중심지가 지중해에서 대서양으로 바뀌게 되고, 이탈리아의 많은 항구 도시를 제치고 리스본이 세계 최고의 교역중심지로 올라선다. 엔리케 왕자의 미래를 보는 눈과 지도력, 착실한 준비를 발판으로 포르투갈은 이후 경제력과 군사력을 앞세워 아시아와 아프리카, 중남미 등을 지배하게 된다.

포르투갈은 인도양을 지배하고, 멀리 중국, 일본과도 거래하게 되었다. 그때의 흔적이 인도의 고아, 중국의 마카오, 그리고 일본의 나가사키에 아직도 남아 있다. 마카오의 에그타르트와 나가사키의 카스텔라와 같은 음식물도 그 흔적의 일부다.

포르투갈인들은 바다를 장악하며 아시아에 진출했지만, 아시아를 지배하지는 못했고 그들과 무역을 하는 데 머물렀다. 그 이유는 인도와 중국은 땅덩이가 너무 큰 나라들이라 나라 전체를 정복하기에는 포르투갈의 힘과 자원이 부족했기 때문이다.

포르투갈 무역업자들은 배를 타고 남중국해를 통해 1514년 당시 명나라에 처음 도달했다. 중국인들에게 포르투갈인들은 '남부의 바바리안', '남쪽에서 온 야만인들'에 지나지 않았다. 중화사상에 젖어 있던 중국인들에게 포르투갈인들은 다른 외국인들과 마찬가지로 화려한 중국의 문명에 크게 못 미치는 야만인들로 비쳤다. 당시 중국인들 입장에서 보면 유럽인들이 원하는 비단과 도자기를 주고 그들에게서 받을 만한 것이 없었다. 유럽인들의 직물이나 금속제품은 중국제품보다 질이 떨어졌기 때문이다. 그래서 중국인들은 차라리 금이나 은으로 값을 치르게 했으며, 명나라는 결국 포르투갈인들에게 오늘날의 광저우 근처에 있는 마카오에 무역항을 건설할 것을 허락한다.

포르투갈인들이 보기에 마카오는 중국과 일본 등 아시아 국가들과 교역할 무역 거점으로 안성맞춤이었다. 그래서 포르투갈인들은 젖은 화물을 말린다는 명목으로 상륙 허가를 받아 마카오로 들어왔다. 처음에는 부패한 중국 관료들에게 뇌물을 건네고 체류를 하다가 1557년에 마카오를 점령하면서 아시아 교역의 확실한 교두보를 마련했다.[15] 1572년부터는 명나라의 조정에 매년 은 500냥을 바치는 조건으로 포르투갈인들은 거주를 인정받았다. 마카오를 조금씩 잠식해 들어가던 포르투갈인들이 아예 눌러앉게 된 것이다. 이후 마카오는 금, 은, 도자기, 아편 등의 중개 무역을 담당하는 한편, 프랑스 선교회로부터 들어온 가톨릭을 동양에 선교하는 기지로도 역할을 하게 된다.

이후 명나라에서 청나라로 바뀌고, 청나라가 1842년 영국에 대패하는 등 국력이 쇠퇴하자, 포르투갈은 기회를 노려 군대를 보내 마카오를 점령하게 된다. 그리고 1887년 '리스본 의정서', 1888년 '청-포르투갈 통상 우호 조약'에 의하여 마카오는 포르투갈의 식민지로 들어가게 되었다. 당시 국력이 미약했던 청나라로서는 어쩔 수 없이 마카오를 내어줄 수밖에 없었다.

---

15) 《역사 속 세금 이야기》 문점식, 세경사, 2018

포르투갈식 반환 vs 영국식 반환

마카오는 중국에서 서구와 최초로 교류한 곳이자 가장 오래 교류한 곳이기도 하다. 1999년 12월 20일에 조약에 의해 100년 만에 마카오는 포르투갈에서 중국으로 반환되었다. 하지만 그 이전 포르투갈이 마카오에 입국허가를 받고 체류한 실질적인 시기까지 합하면 마카오에 대한 포르투갈의 영향력은 자그마치 450년가량의 세월을 아우르는 셈이 된다. 오랫동안 민주주의 체제와 자본주의 시장경제에 익숙해진 마카오 시민들이 갑자기 사회주의 체제로의 변화를 받아들이는 것은 부담이 되는 일이었다. 중국 정부도 그 사실을 알기에 마카오 시민들이 받을 정신적 압박감을 고려하여 반환 이후에도 50년간 기존의 민주주의 체제와 자본주의 시장경제 방식을 유지할 수 있도록 조치했다. 그러니까 2049년까지 '일국양제—國兩制' 시스템, 즉 하나의 나라지만 두 개의 제도가 공존하는 시스템을 가동한 것이다. 홍콩처럼 말이다. 그런데 특이한 것은 오늘날 홍콩에서 민주화 운동이 일어나고 그것을 탄압하는 중국 정부와의 사이에서 갈등과 폭력으로 몸살을 앓는 것과 달리, 마카오는 상대적으로 조용한 편이다. 시간상으로 볼 때 홍콩보다 3~4배는 더 긴 시간을 식민지로 있었던 마카오가 홍콩보다 조용한 이유는 무엇일까?

몇 가지 이유가 있겠지만 그중 하나는, 홍콩을 반환할 때 영국은 홍콩 시민들에게 국적을 부여하지 않았지만, 포르투갈은 마카오를 반환할 때, 마카오 시민들에게 국적 선택권을 주었다. 마카오에서 태어났거나 포르투갈인과 결혼하여 포르투갈 국적을 갖고 있던 사람들에게 포르투갈 여권으로 계속 마카오에 거주하거나 중국 국적으로 변경할 수 있도록 한 것이다. 당시의 중국이 미국과 더불어 양대 대국으로 굴기하던 시기여서였는지 당시 포르투갈 국적의 마카오 시민 대부분은 자발적으로 중국 국적을 선택했다. 자신에게 선택권이 주어졌고 스스로 중국 국적을 택했다는 것은 마카오 시민들에게 중국에 대한 불안이나 걱정보다 익숙함이나 기대가 컸음을 의미하는 것이었으리라.

오늘날 마카오는 동서양의 문화가 혼합된 이국적인 건축물들과 독특한 문화로 인해 해외 관광객들의 인기 있는 관광지가 되었다. 오래도록 포르투갈의 지배를 받아 홍콩과 더불어 서구열강 침략의 대표적인 곳이었지만, 지금의 마카오는 관광산업과 함께 카지노 산업이 발달하면서 경제 발전을 이루는 중이다.

카스텔라

포르투갈 선교사가 전한 스페인 빵

'해가 지지 않는 나라'라면 영국을 떠올리는 사람이 많을 것이다. 하지만 사실 영국보다 앞서 전 세계 곳곳에 식민지를 개척하고 다니던 나라들이 있었다. 바로 포르투갈과 스페인이다. 포르투갈이 세계를 누빌 때의 이야기는 5장의 에그타르트 편에서 다루었고, 스페인과 관련해서는 7장인 판데살 편에서 다룰 예정이다. 이 장에서는 유럽 국가들이 일본에 미친 영향에 관해 이야기해보겠다.

세상에는 '브래드Bread'가 아닌 '빵pan'에 가까운 발음으로 빵을 지칭하는 나라들이 꽤 있다. 포르투갈도 그중 하나로, 포르투갈어 '팡'이 일본을 거쳐서 우리나라에 전해진 까닭에 우리도 '빵'이란 말을 쓰고 있다. 포르투갈은 빵의 역사에 한몫한다. 포르투갈 수도사가 일본의 나가사키에서 전파한 빵으로 유명한 '카스텔라Castella'도 그 한 예다.

카스텔라는 부드럽고 폭신한 빵이다. 서구 영어권에서는 달걀흰자를 오래도록 저어 설탕과 함께 반죽하여 폭신하고 부드럽고 달콤하며 촉촉하게 만든 이런 종류의 빵을 일컬어 스펀지 케이크라고 부른다. 그런 면에서 카스텔라는 스펀지케이크의 일종이라 할 수 있다.

카스텔라는 스페인어로 성城을 뜻하는 '카스티요Castillo'에서 유래했다. 오늘날 스페인의 중부 지역에 카스티야라는 지방이 있기도 하지만, 사실 카스티야는 하나의 왕국 이름이기도 했다. 카스티야 왕국의 이사벨 여왕과 아라곤 왕국의 페르난도 국왕이 결혼하면서 이후 스페인으로 합쳐지게 되었다. 15세기경 카스티야 지방에 달걀로 부풀려 만든 '비스코초'라는 빵이 있었다. 비스코초란 어원상 '두 번 구운 것'이라는 의미다. 어원처럼 비스코초는 보존이 쉽도록 두 번 구워 딱딱해진 빵이다. 그러다 밀가루, 달걀, 설탕을 사용해 구운 과자로 바뀌었고, 스페인의 수도원에서는 신사들을 위해 비스코초를 포함한 과자들을 만들었는데, 15세기 후반 기록에는 이미 현재의 비스코초와 거의 같은 형태의 레시피가 남아 있다.[16] 이 비스코초를 이웃나라 포르투갈에서는 발생 지역을 따라 '카스티야'로 불렀는데, 그 단어의 포르투갈식 발음을 따서 '카스텔라'가 되었다. 이것이 일본에 전해지면서 일본어 특성상 자모에 받침이 거의 없고, 받침 발음도 적다 보니 '카스테라カステラ'로 부르게 된 것이다.

16세기 초 포르투갈 수도사에 의해 일본으로 전해진 카스텔라는

---

16) 《세계사를 품은 스페인 요리의 역사》 와타나베 마리, 따비, 2010

나가사키를 중심으로 활발히 만들어졌다. 나가사키에 있는 '후쿠사야'라는 카스텔라 전문점은 자그마치 400년의 전통을 자랑한다. 오늘날 나가사키 카스텔라는 부드럽고 촉촉하기로 소문이 나 있는데, 스페인 중부 카스티야 지방에서 만들어 먹던 빵이 포르투갈 선교사에 의해 일본에 전해진 이후, 일본식으로 변형되어 세계적인 빵이 되었다.

일본의 통일과 포르투갈 총

일본의 나가사키에 머물던 포르투갈인 수도사들이 카스텔라를 전한 얘기를 해보자. 사실 수도사가 먹거리를 전한 일이 그리 낯선 일은 아니다.

생각해보면 우리나라에 치즈 만드는 방법을 가르쳐준 사람도 선교사들이었다. 임실에 터를 잡은 선교사들이 치즈 만드는 방법을 가르쳐 준 것이 임실치즈의 시작이었다. 그처럼 나가사키에 거주하던 선교사들이 그들이 먹던 카스텔라 만드는 방법을 일본인들에게 가르쳐주고 나눠 먹고 한 일은 자연스러운 일이었을 것이다.

그런데 이상하지 않은가. 요리사도 아닌 수도사가, 그것도 포르투갈에서 머나먼 일본까지 와서 카스텔라를 전하게 되었을까? 배경을 살펴보면 이렇다. 14세기 이후 동남아시아는 동아시아와 인도, 유럽을 잇는 무역의 중심지가 되었다. 인도와 유럽의 상인들이 향료를 사기 위해 몰려들었으며, 말레이시아의 믈라카를 비롯한 주요 기항지들이 국제 무역의 중심지로 성장하였다. 명나라 상인들도 그곳에 진출하여 차, 비단, 도자기 등을 판매했다. 그 결과 16~17세기에 동남아시아는 '상업의 시대'라고 불릴 만큼 번창했다.

유럽에서 상인의 선두는 포르투갈인이었다. 그들은 중계 무역의 중심지였던 믈라카를 점령하고, 베트남의 호이안과 중국의 마카오를 거쳐 1543년 일본 나가사키에 도착했다. 이후 스페인, 네덜란드, 그리고 영국이 왔다. 일본은 중국이나 우리나라와는 달리 처음에는 서양 무역업자들을 환영했다. 서양 무역업자들이 도착한 시기는 강한 다이묘(영주)들이 서로 권력을 차지하기 위해 필사적으로 싸우는 혼란의 시대였다. 다이묘들이 다투어 힘이 있는 만큼 땅을 지배하는 약육강식, 하극상의 전국시대였다. 오다 노부나가와 도요도미 히데요시에 의해 전국이 통일되고, 다시 전국적인 지배력을 가진 쇼군이 나타나는 15세기 중반부터 16세기 후반까지, 100년 이상 사회적, 정치적 변동이 계속된 시기였다.

난세에는 자신을 스스로 지켜야 하기 때문에 모든 다이묘가 총을 가지려 혈안이 돼 있었다. 그런데 마침 대항해시대의 주역이었던 포르투갈이 화승총을 갖고 있었고, 일본은 포르투갈을 통해 화승총을 비롯한 서양 문물을 처음 접하게 된다. 영주들은 처음에는 포르투갈인의 총에만 관심이 있었다. 엄청난 거금을 주고 화승총을 사들여서 분해하고 연구하여 그들에게 맞게 제작했으니 그것이 바로 조총이다. 권력다툼이 심하던 시절이라 전쟁을 하고 전투를 치르기 위해서는 무기가 필수적이었기 때문에 일본인들은 서양의 무기를 즉시 받아들였다.

전국을 통일한 오다 노부나가, 도요토미 히데요시, 도쿠가와 이에야스도, 영주 시절에는 포르투갈이나 스페인 무역상들로부터 총을 사서 내전을 치렀다. 성을 만들 때도 유럽의 성을 본 따 성을 지었다. 일본의 옛날 성들을 보면 해자로 둘러싸이고 돌로 높이 쌓아 올린 모습을 볼 수 있는데, 이는 서양식 성을 본뜬 데서 유래했다. 포르투갈 상인들과 함께 가톨릭 선교사들도 일본에 입국했으나 일본은 그들을 특별히 탄압하지는 않았다. 전국시대에 오다 노부나가는 자신의 반대 세력을 후원했다는 이유로 불교 신자 수천 명을 살해하기도 했던 터라, 자신에게 우호적이지 않은 불교를 견제하기 위해 가톨릭이 발전하는 것을 못 본 척 내버려 두기도 했다. 이후 오다 노부나가가 통일 직전에 부하에 의해 살해되고, 이후 도요토미 히데요시가 전국을 통일하게 된다. 이후 도쿠가와 이에야스가 권력을 잡는 데도 서양 무기들이 큰 도움이 되었다.

자기화에 능숙한 일본

일본이 포르투갈로부터 받아들인 것에는 무시무시한 총만 있었던 것이 아니다. 부드럽고 달콤한 카스텔라도 있었다.

일본의 카스텔라는 16세기 말 포르투갈 사람들이 전해준 카스텔라로부터 시작됐지만, 일본인들은 그것을 자기식으로 변형시켜 받아들였다. 원래 스페인과 포르투갈에서는 카스텔라를 만들 때 우유와 버터를 사용했으나, 일본에서는 우유와 버터가 귀했기 때문에 달걀을 많이 넣었다. 또 설탕도 귀한 식재료였기에 그보다 싼 물엿을 첨가했다. 그리고 화덕이 귀했던 탓에 솥에 쪄내는 방식을 택하게 된다. 원래 일본에는 차완무시茶碗蒸라고 하는 일본식 달걀찜 요리가 있었다. 마른 멸치나 가다랑어포, 다시마를 진하게 우려낸 물에 달걀을 풀어서 만드는데, 달걀을 체에 내려 알끈과 끈적하게 뭉쳐진 흰자를 흩어지게 해서 찐다. 이후 표고버섯이나 쑥갓, 파 등을 얹어 먹는 요리다. 우리나라의 달걀찜과 비슷하지만 마치 순두부처럼 연한 느낌이 드는 음식이다.

　카스텔라를 받아들이면서 일본은 기존의 차완무시 조리방식을 응용하였다. 그리하여 포르투갈의 카스텔라를 받아들이되, 원래의 카스텔라와는 다른 더 부드럽고 달콤한 카스텔라가 된 것이다. 그리고 한발 더 나아가 그 카스텔라를 이용하여 일본식 디저트인 '가스마키'와 '카스도스'도 만들어낸다.

　350년 역사의 전통 간식인 '가스마키'는 대마도의 특산품 중 하나로, 얇은 카스텔라를 둥글게 말고 그 안에 단팥소나 밤소를 듬뿍 넣어 만든다. 달고 고소하고 촉촉하고 부드럽다. 대마도 역시 나가사키현에 속하다 보니 카스텔라의 영향을 받은 것이다. '카스도스'는 카

스테라를 작은 직육면체 모양으로 잘라 건조시킨 뒤 달걀노른자를
입혀서 끓인 당밀 속에서 담가 달걀노른자를 익힌다. 그다음 과립
설탕을 뿌려 만든다. 오늘날과 달리 달걀도 귀하고 설탕도 귀하던
시절이라, 신분이 높고 부유한 층만 즐길 수 있던 후식이자 간식이
었다.

도쿠가와 막부와 가톨릭 박해

일본은 유럽의 선교사들에게 중국보다 훨씬 더 열려있었고, 일본
인들 역시 새로운 믿음을 배우려는 열정을 가진 이들이 많아서 가톨
릭을 택하는 사람들의 수가 점차 늘어났다. 토요토미 히데요시에 이
어 일본을 지배하게 된 도쿠가와 이에야스는 초기에는 가톨릭 선교
사들의 포교 활동을 묵인했지만, 전국을 통일하고 나서는 생각이 달
라진다. 점차 가톨릭 신도가 늘어나 그 수가 30만을 넘어서자 부담
을 느끼고 호전적으로 대하게 된다. 봉건 질서 유지에 영향을 줄 정
도가 되자 가톨릭에 경계심을 가지고 주시하게 된 것이다. 권력층으
로선 이전에 없던 세력이 무리를 이루면 자신들의 대항 세력으로 떠
오를지 모른다는 의심과 경계의 눈초리로 보게 마련이지 않은가. 게
다가 가톨릭교인들은 일본의 지도자를 따르는 것이 아닌 교황의 명
령을 따른다니 더 탐탁지 않아 했다. 그리고 또 다른 이유가 있었다.
일본에서 멀지 않은 루손섬(오늘날의 필리핀)에 스페인인들이 와서

나라를 장악했다는 소식을 들어 알고 있었기 때문이었다. 한편 포르투갈도 중국에 들어가 미적대더니 매년 은 500냥의 땅값을 내는 조건으로 아예 마카오에 눌러앉았다는 것이 아닌가. 이런 이유로 도쿠가와 이에야스는 외국인 선교사들에 대해 적개심과 의구심을 갖게 되어 그들을 쫓아냈다. 그리고 가톨릭 교인들을 박해하고 죽였다.

일본의 가톨릭에 대한 정책 변화를 살펴보자. 1596년 사건이 하나 터진다. 스페인의 무역선 한 척이 시코쿠 해안에 좌초한 것이다. 당시의 법에 따르면 일본 해안에서 좌초된 배에 실린 교역품들은 전부 일본 소유로 쳤다. 이 법에 근거하여 일본은 스페인 무역선의 물건을 압수하려 했는데, 스페인 선장으로서는 막대한 재산이 달린 문제라 일본의 조처에 항거했다. 이에 도요토미 히데요시는 스페인 프란치스코회 신교사 6명과 일본인 신자 20명을 나가사키에 데려가서 처형한다. 이를 1597년의 '나가사키 순교 사건'이라 한다. 굳이 나가사키에 데려가서 처형한 데에는 공포심을 유발하여 가톨릭의 전도를 막으려는 의도가 숨어있었다. 당시 일본에서의 가톨릭이란 포르투갈과 스페인의 무역상과 불가분의 관계였으므로 종교와 무역상을 한꺼번에 견제할 필요를 느낀 것이다.

도요토미의 뒤를 이어 권력을 잡은 도쿠가와 이에야스도 1612년 3월, 에도, 오사카, 교토에 한정하여 가톨릭 금교령을 발표하고 다음 해 12월 마침내 전국적으로 금교령을 확대한다. 종교탄압은 갈수록 정도를 더해갔다. 도쿠가와 이에야스가 죽고난 이후에도 1629년 예수와 마리아를 그린 인물화를 밟고 지나가도록 했고, 이를 거부하는 가톨릭교도 3,000여 명을 처형했다.

1635년 즈음, 쇄국정책으로 일본인들은 해외에 나갈 수도 없고 외국인들이 일본을 방문하는 것도 금지되었다. 중국과 조선, 네덜란드만 제한된 접촉을 유지했을 뿐이었다. 이러한 정책은 미국의 페리 제독에 의해 1854년 강제로 개항될 때까지 거의 200년 가까이 지속되었다.

1636년, 일본은 나가사키 앞바다에 축조한 인공섬 데지마로 포르투갈과 스페인 무역상을 강제로 이주시켰다. 그러던 와중에 가톨릭과 관련한 큰 사건이 터지게 된다. '시마바라의 난'이었다.

1637년 시마바라 지역에서 가뭄으로 수확량이 적은데도 영주가 가혹하게 세금을 징수하자, 농민들이 반란을 일으킨 사건이다. 그런데 그 지역이 워낙 가톨릭교도가 많은 지역이다 보니 교인들이 받는 박해도 많았고 잔혹한 탄압도 있었기에 거기에 대한 불만도 높았다. 반란군은 얼굴이 희고 카리스마가 뛰어난 16세의 미소년 아마쿠사 시로를 지도자로 추대한다. 초반에는 반란군이 잘 싸웠기 때문에 막부군의 희생이 컸다. 하지만 막부군은 반란군의 보급로를 차단하는 방식으로 반란군을 진압한다. 전투가 끝난 후, 반란 가담자 3만 7,000명이 모두 죽음을 맞았고 지도자였던 아마쿠사 시로도 효수梟首되었다. 이 난으로 인해 가톨릭이 거의 절멸되다시피 했다. 가톨릭 반란군에 매우 놀랐던 막부는 이후 가톨릭에 대해 더 철저한 탄압을 행사하게 된다. 또한, 반란이 확산하는 데 가톨릭교도들의 영향이 컸다고 생각하여 가톨릭과 서양 세력에 대한 의혹과 불신이 더욱 팽배해졌다.

1638년경, 도쿠가와 막부는 모든 서양상인을 막고 일본인들이 해외로 여행하는 것을 막았다. 큰 배를 만드는 것도 금지했다. 큰 배가 없으면 큰 바다로 나갈 수 없으니 해외무역은 끝난 것이나 다름없었다.

서양으로 난 창 '데지마'

나라의 빗장을 잠그고 다른 나라와의 교류를 막으니 고립될 것이 불을 보듯 뻔했지만, 일본은 묘안을 짜냈다. '데지마出島'라는 작은 섬을 이용한 것이다. 데지마는 에도 막부가 나가사키의 부유한 상공업자들에게 1634년에 명하여 2년에 걸쳐 건설한 부채꼴 모양의 인공 섬이었다. 데지마의 한자 뜻은 '일본 밖으로 나가는 섬'이란 뜻을 지니고 있는데, 세상에서 일어나는 사건 사고들이 궁금했던 일본이 궁금증을 풀고 정보를 얻기 위한 곳으로 이 섬을 이용한 것이다.

그런데 나가사키 섬에 언제부턴가 포르투갈인들이 자취를 감춘다. 1640년에 한 무리의 포르투갈 외교관들과 무역업자들이 배를 타고 일본에 와서는 무역 재개를 위해 황제와 협상을 하고 그를 설득하려고 하자, 쇼군은 그 포르투갈 사절단 전부를 현장에서 처형했다. 이로써 일본은 외국인 출입금지구역이란 메시지를 분명히 했다.

일본은 서양 상인들을 일본 밖으로 몰아내기로 한다. 이로 인해 일본에 있던 모든 포르투갈과 스페인의 무역상과 선교사들이 일본에서 쫓겨난다. 대항해시대의 흐름 속에 1543년에 시작되었던 포르투갈과 일본의 인연은 그 후 100년 만인 1640년경에 이처럼 불미스럽게 끝났다.

이후 일본은 1641년 외국과의 무역 거점이었던 나가사키 북서부의 히라도섬에 있던 네덜란드 동인도 회사의 상관商館을 데지마로 옮겨와 네덜란드인들을 거주시켰다. 이후, 1859년까지 약 200년 동안 네덜란드인에게 오직 이곳에서만 독점적으로 무역을 허용했다. 네덜란드 배들만 매년 한두 척 데지마에서 거래하도록 허용한 것이다. 데지마는 쇄국정책을 펴던 일본이 유일하게 서양과 교류할 수 있게 숨통을 터놓았던 상징적인 장소였다. 전체 넓이래야 약 5,000평 정도에 불과한 작은 섬이었지만 이 섬이 해외 관문으로서 일본에 끼친 영향은 컸다. 쇄국정책으로 빗장을 걸어 잠근 상태였지만, 당시 일본은 1년에 한 번 네덜란드 상인들이 쇼군에게 국제 흐름을 설명하게 하여 서양과 세상의 흐름을 놓치지 않고 알 수 있었다. 그리고 소수의 일본인은 해외의 사상들에 대해 배웠다. 의학도들도 네덜란드 의사 시볼트로부터 서양의학을 배웠다. 그들은 서양의 의학서를 공부했는데 그것들이 중국의 의학서보다 더 정교하다는 것을 알고 감탄했다. 데지마를 통해 입수된 서양 서적들은 의학, 천문, 역학 등의 연구를 촉진했다. 난학蘭學(에도시대에 네덜란드에서 전래된 지식을 연구한 학문)을 통하여 탄생한 합리적 사고 및 인간 평등사상 등은 막부 말기의 일본에 커다란 사상적 영향을 끼쳤다.

일본의 쇄국정책에도 살아남은 네덜란드의 비결

그런데 왜, 일본은 스페인과 포르투갈 무역상이나 선교사들을 죽이거나 쫓아내면서도 네덜란드 상인들은 남겨두었던 것일까? 자신들에게 총포를 전해주고 카스텔라를 전해주었던 포르투갈을 내치고 네덜란드만 남겨두었던 이유는 무엇이었을까? '난학'이라 하여 네덜란드의 학문과 의술을 배우고 '일란조약'을 체결할 정도로, 네덜란드가 일본의 구미에 맞았던 이유는 무엇이었을까?

포르투갈인이나 네덜란드인 모두 같은 외국인이자 유럽인인데 포르투갈은 안되고 네덜란드는 되었던 이유는, 네덜란드가 종교적 간여 없이 오직 무역에만 신경 썼기 때문이었다.

대항해시대 초기에 성장을 주도했던 포르투갈과 스페인의 경우에는 해외 영토 확장과 더불어 가톨릭 선교 활동이 큰 부분을 차지했다. 포르투갈인들은 엔리케 왕자 때부터 해외 원정의 목적으로 무역뿐 아니라 포교에 큰 비중을 두었다. 종교적 색채가 강했던 포르투갈인들에 비해, 네덜란드 상인들은 오직 무역으로 이익을 남기는 실리적인 것에만 관심을 쏟았다. 네덜란드는 교역에 무게를 두어 상거래를 활성화하기 위해 다양한 정책을 추진하고 종교적인 거부감을 없

앴기 때문에 해외에서 받아들이기가 쉬웠다.[17]

16세기 말에는 네덜란드 상인이 포르투갈로부터 말루쿠 제도의 지배권을 빼앗고, 나가사키에 머물며 명나라 상인들과 교역하였다. 또한, 타이완에 식민지를 건설하고 쌀과 설탕 등을 생산하여 판매하였다. 그리하여 네덜란드는 17세기 중엽에 동남아시아의 섬 대부분을 장악하였다.

일본과 네덜란드는 1855년 '일란 화친조약'을 체결하여 네덜란드인들이 나가사키를 드나들 수 있게 했다. 특히 데지마는 일본에서 서양과의 교류를 할 수 있는 유일한 창구였고, 네덜란드 상관에 부임한 엥게르벨트 캠벨과 칼 튠베리크 그리고 시볼트 등의 네덜란드인들은 일본의 문화 및 동·식물을 그들의 고국에 소개했다.

특히, 나가사키에 학교를 세우고 서양 의술을 가르쳤던 시볼트의 영향이 컸다. 그는 네덜란드로 돌아간 후, 일본을 소개하는 책들을 발간하고, 자신이 모은 2,500여 점의 일본제품들을 박람회에 소개하였으며, 박물관을 열어서 유럽에 일본을 알렸다. 이로 인해 일본회화를 비롯한 일본의 문화가 네덜란드는 물론 유럽에 크게 유행하게 된다. 유럽인들이 일본 그림이나 부채 등으로 집안을 장식하고 일본 옷인 기모노를 입기도 할 정도였다. '해바라기'로 유명한 네덜란드 화가 고흐도 일본풍의 그림인 '우키요에浮世繪'에 심취하여 그 그림을 그대

---

17) 《패권의 비밀》 김태유·김대륜. 서울대학교 출판문화원. 2017

로 모사하며 연습하곤 했다.

일본이라는 동양의 먼 나라에 대한 동경, 이국적인 정취를 탐닉하는 경향인 '이그조티시즘' 등이 맞물려 일어난 문화적 현상으로 '자포니즘'이란 용어까지 생겼다. 고흐는 없는 살림에도 477점의 우키요에를 모았는데 "우리 인상파 화가들은 일본의 우키요에를 사랑하고 그 영향을 받고 있다."라는 말을 남길 정도로 자포니즘에 심취했다.[18] 고흐가 우키요에에 대해 알게 된 것도 나가사키에 머물다 유럽으로 돌아간 시볼트 같은 인물이 있어서 가능했다.

제주도 제사상엔 카스텔라가 오른다

일본의 카스텔라가 조선에 선해졌다는 일반적인 견해에 대해 생각해보자.

우선 조선 후기 통신사 조엄이 대마도(쓰시마)에서 고구마를 조선에 가지고 왔듯이 조선통신사 중 누군가가 카스텔라를 가져오거나 레시피를 가져왔을 수 있다. 1607년부터 1811년까지 약 200년 동안 총 12차례 파견된 조선통신사는 부산항에서 출발하여 대마도를 거쳐 다시 해로로 오사카에 도착한 다음 거기서부터는 육로로 에도까지 이동했다. 이러한 왕래를 통해 카스텔라를 접했을 가능성이

---

18) 〈'탕기 영감의 초상'을 통해서 본 빈센트 반 고흐의 우키요에 콜렉션〉 김호

크다.

또 어부나 상인 등 일반인이 일본에서 카스텔라를 접하고 돌아와서 전파했을 가능성도 있다. 일본과 조선은 상대 국가의 국민이 난파됐을 경우, 우호적으로 대하고 돌려보내기로 서로 약조가 되어 있었다. 우리나라 사람이 난파되어 일본에 도착하면 어느 곳에서 발견되었든 간에 일단 무조건 나가사키로 보내져 그곳에서 조사를 받으며 서너 달 억류되었다가 돌아오게 되는 것이다. 그 수가 기록에 남은 것만 해도 900건이 넘는다니 그 사람들이 카스텔라를 보고 전했을 가능성도 크다. 그들 중에는 아무래도 일본과 지리적으로 가까운 제주도민들이 많았을 것이고 그들이 나가사키에서 본 카스텔라를 고향에 전했으리라.

이 가설에 무게를 더하는 것은 오늘날에도 제주도에는 제사상에 떡 대신 카스텔라를 올리는 집이 많다는 것이다. 흔히 하는 해석으로, 제주도는 쌀이 귀해서 떡 대신 카스텔라를 올렸다고 하지만, 쌀도 귀했지만, 그렇다고 카스텔라에 들어가는 밀이나 달걀이 흔했던 것도 아니었다. 쌀이 귀해서 좀 더 흔한 것으로 대체하기 위해서였다면 보리설기나 보리빵 같은 것으로 대체했을 것이다. 제주도 제사상에 카스텔라나 단팥빵을 올리는 집이 많다는 것은 제주도에서 그 음식들을 귀하게 여겼거나, 제사음식을 받을 선조가 생전에 카스텔라를 좋아했을 가능성이 크다. 혹은 일본과의 교역이나 접촉으로 카스텔라를 알게 된 이들이 귀한 것이라 여겨 제사상에 올리다가 관례가 된 것일 수도 있고 말이다.

구한말에는 선박을 통해 해외 물품들이 줄을 이어 소개되던 때라 당시의 박래품 중에 묻혀 들어왔을 가능성도 있다. 박래품은 서구열 강에서 직접 들여온 것도 있었지만, 일본을 통해 간접적으로 받아들 인 것도 있었다. 제주도나 부산은 일본의 나가사키에서 멀지 않고, 카 스텔라는 만든 그 날보다 하루쯤 숙성해 먹는 게 더 맛있다고 하여 일 부러 하루 이틀 더 두었다가 먹기도 하는 만큼 불가능한 일도 아니다.

통신사와 연행사가 전하는 서양 문물

그런데 흥미로운 것은 카스텔라를 일본이 아닌 다른 곳에서 접했 던 기록들이 종종 보인다는 점이다. 몇 가지 예를 들어보자.

숙종 말년에 와병 중이라 입맛이 없던 숙종은 맛난 별미를 만들어 오라는 주문을 한다. 이에 어의 이시필은, 이전에 청나라에 사신으로 가서 중국 장군의 병을 치료해주고 받아먹었던 달걀 떡을 기억해낸 다. 부드럽고 맛이 뛰어났던 기억을 더듬어 만들어 보았지만, 생각대 로 잘 되진 않았다고 한다. 하지만 숙종은 나름 그 달걀 떡에 만족했 다고 한다.

시간이 흘러 1720년에 숙종이 서거하고 경종이 왕위를 계승한다. 당시 조선시대에는 왕권이 바뀔 때면 청나라에 사신을 보내 알리게 되어 있었다. 그 사신을 '연행사燕行使'라고 했는데, '연행'은 당시 청나라의 수도 북경을 '연경燕京'이라고 불렀기 때문이다. 경종의 왕위 계승을 알리는 연행사 대표로 이이명이 가게 되었는데, 그는 호기심 많고 재기발랄한 아들 이기지를 데리고 길을 나선다. 아버지를 따라 북경에 간 이기지는 북경 골목골목을 돌아다니며 중국문화와 서양 문물을 접하게 된다. 낯선 것과 새로운 문물에 대한 호기심이 많았던 그는 하루는 천주교 성당인 남당을 방문했다가 그곳 예수회 신부들로부터 빵(카스텔라)을 대접받는다. 그는 자신의 호를 딴 〈일암연기〉라는 기행문에 그 빵을 처음 접한 당시를 이렇게 기록했다.

"서양인들이 네모난 서양 떡 서른 개를 내어왔다. (중략) 부드럽고 달았으며 입에 들어가자마자 녹았으니 참으로 기이한 맛이었다. 만드는 방법을 묻자 설탕 가루, 달걀, 밀가루로 만든다고 했다."

차와 함께 먹자 뱃속이 매우 편안했으며 배가 부르지 않았지만, 시장기를 잊을 수 있었다고도 썼다. 이기지는 이 서양 떡 즉 카스텔라 맛이 상당히 마음에 들었던지 제조법까지 물어본다.

이후 그는 남당을 여러번 더 방문하여 와인이며 에그타르트도 맛보고 신부들과 천문에 관한 이야기도 나누었다. 이후 아버지가 연행사 임무를 마친 후 함께 조선에 돌아온 그는 그때 맛본 서양 떡, 카스텔라를 만들어 보기로 한다. 그 또한 〈일암연기〉에 기록했다.

"정한 밀가루 한 되와 백설탕 두 근을 달걀 8개로 반죽하여 구리냄비
　에 담아 숯불로 색이 노랗게 되도록 익히되 대바늘로 구멍을 뚫어 불
　기운이 속까지 들어가게 하여 만들어 꺼내서 잘라 먹는다."

　베이징에서 가톨릭 신부에게 들은 카스텔라 만드는 법이었다. 그
대로 재현해 보았지만 자신이 기억하고 원하던 그 맛이 아니었다. 카
스텔라 만들기에 실패한 것은 아마도 카스텔라가 만들어지는 원리
를 몰랐기 때문이었을 것이다. 특히 대류 현상으로 뜨거운 공기가 순
환해야 반죽의 겉은 덜 타면서 속까지 익는다는 것을 몰랐던 게 아니
었을까. 대류 현상으로 반죽이 고르게 익기 위해서는 오븐을 이용해
야 하지만, 조선시대에 오븐이 있을 리 만무했다. 그러니 아마도 이
기지는 청나라 가톨릭 신부가 알려준 대로 반죽을 만든 다음 구리냄
비 혹은 무쇠로 된 가마솥에 반죽을 넣고 바로 아궁이에 불을 지펴
구웠을 것이다. 찌거나 중탕을 하지 않으면 빵의 겉 부분은 타고 안
은 익지 않는 것을 모르고 말이다. 게다가 달걀흰자로 머랭을 만들어
밀가루와 섞어야만 빵이 부풀어 올라서 폭신한 식감이 난다는 사실
을 몰랐을 것이다. 그러니 상상해보라. 그가 부드럽게 사르르 녹는
식감을 기대하며 만든 서양 떡의 결과물 즉, 카스텔라는 바닥은 시커
멓게 타고 속은 설익어 반죽액이 흐르는 데다 익은 부분마저도 부풀
지 않아서 찐득한 떡이 되어 있었을 것이 분명하다.
　어쩌면 그에게 허용된 시간이 많았다면 그의 왕성한 호기심과 제

대로 된 서양 떡을 재현하겠다는 열정으로 요리깨나 하는 사람에게 묻고 귀동냥으로 개선해가면서 결국은 그럴듯한 조리비법을 터득할 수도 있었을지 모르겠다. 하지만 애석하게도 그는 시대의 칼바람을 맞았다. 1722년 신임사화 때 당시 좌의정이자 노론의 지도자였던 아버지와 더불어 무고한 죄로 엮여서, 32살 한창나이에 옥사하고 말았다. 낯선 문물에 대한 지적 호기심이 많고, 재기발랄했던 조선의 젊은 학자는 그렇게 억울하고 허무하게 요절하고, 〈일암연기〉 한 권의 책으로 존재한 흔적을 남겼다.

일암 이기지가 북경을 방문하고 쓴 〈일암연기〉는 60년 뒤 연암이 쓴 〈열하일기〉의 본이 되었다. 이기지는 박지원, 홍대용 등 북학파, 실학파들의 롤모델이었을 정도로 후대 북학파 지식인들에게 막대한 영향을 끼친 인물이었다.

일본에서는 카스텔라가 만들어진 초기에는 쇼군이나 다이묘처럼 높은 계급을 가진 사람들이 주로 먹었고 외국 사신들이 오면 손님 접대용으로 내기도 했다. 1682년 조선통신사 일행이 에도를 방문했을 때 카스텔라와 별사탕(콘페이토), 양갱(단팥묵) 등을 대접받았다는 기록이 있다.

일본에서는 카스텔라를 만들 때 물엿을 사용하여 포르투갈식 카스텔라보다 더 부드러웠다고 하는데, 그 맛에 반했던 통신사 일행은 이후 일본이 재정 문제로 카스텔라를 대접하지 않게 되자 몹시 서운하게 여겼다고 한다.

한편, '책 읽는 바보'로 알려진 조선시대의 석학 이덕무도 카스텔라를 좋아했다. 이덕무는 서얼로 태어나 평생 가난하게 살았지만, 책 읽기를 즐겨서 책을 벗 삼아 살았던 학자다. 그는 약과나 카스텔라 같은 단 음식을 좋아했다.

그가 이서구에게 보낸 편지에도 자신은 단 것을 무척 좋아해서 친구들도 모두 단 것을 보면 자신을 생각하고 자기에게 갖다 주곤 한다고 스스로 밝히고 있다. 그런데 박제가만은 단것을 먹으면서 자기에게는 주지도 않았을뿐더러, 예전에 자신의 단것까지 수시로 훔쳐 먹곤 했으니, 박제가를 대신 좀 꾸짖어 달라고 편지에 썼다. 박제가는 한 번에 냉면 세 그릇과 만두 100개를 먹어치웠다는 기록도 있을 만큼 대식가에 식탐이 많던 터라, 늘 먹을 게 부족했을 것이다. 당대 최고의 힉식을 사셨넌 누 실학자 겸 절친이 먹을 것 때문에 갈등을 빚은 기록이 일견 우습기도 하면서 안쓰럽다.

정조 때, 이덕무와 박제가는 서얼 출신임에도 불구하고 중용되어 청나라에 함께 사신으로 가기도 했다. 당시 북경을 방문한 사신들은 임무를 수행하는 틈틈이 북경 최대의 서점가였던 유리창을 중심으로 그곳의 선비들과 교류하면서 우정을 쌓아, 귀국 후에도 그들과 계속 연락을 주고받았으니, 이들 북학파 실학자들이 북경에서 카스텔라를 맛보고 조선에 전했을 수도 있다. 이덕무는 카스텔라를 '가수저라加須底羅'라고 한자로 음차해 기록하고 그 만드는 법을 남긴 바 있다.

구락부에서 설고를 먹고 양탕국을 마시다

원조나 최초를 꼽는 것은 언제나 그렇듯이 단순하고 쉬운 일이 아니며 새로운 기록이 보이면 언제든 바뀔 수 있다. 많은 이들이 우리나라에서 커피는 고종황제가 최초로 마셨던 것으로 알고 있지만 사실 기록상으로는 그보다 10년쯤 전에 한강의 한 별장에서 커피를 접대했다는 기록이 존재한다. 그렇듯이 카스텔라도 마찬가지다. 카스텔라라고 하면 으레 일본이 언급되곤 하지만, 여러 기록을 보면 그렇게 간단하지만은 않은 것 같다. 일본이 아닌 다른 곳을 통해서 유입되었을 가능성도 존재한다. 앞서 소개했듯이 이기지나 이덕무, 박제가 같은 인물에 의해 일본이 아닌 청나라를 통해 들어온 것도 있었다.

일본에 의해 우리나라에 카스텔라가 알려졌고, 숙종과 관련된 일화와 이기지의 기록에서 카스텔라의 흔적이 보이긴 했지만, 좀 더 유명해진 계기는 '손탁호텔' 때문이라고 알려져 있다. 손탁호텔은 1902년 10월, 서울 정동에 세워진 우리나라 최초의 서구식 호텔이었다.

'손탁호텔'이란 명칭은 이 호텔의 주인인 앙투아네트 손탁의 이름을 따서 지어졌다. 그녀는 1885년 러시아 공사관으로 부임한 베베르의 처형이었다. 원래 프랑스 출생이었으나 독일령이 되면서 독일 국적을 갖게 되었고 러시아와 관련되다 보니 프랑스어, 독일어, 러시아어, 영어 등 4개 국어를 능숙하게 구사했다. 조선에 온 뒤엔 우리말까지 빠르게 깨우쳤다. 그녀는 언어를 자유자재로 구사할 수 있었기에 개화기 때 조선을 방문한 각국의 외교사절을 능숙하게 관리하고 대접하면서 고종의 신임을 얻었다. 명성황후가 암살되고 고종이 러시아 공사관으로 거처를 옮겼을 때 고종이 먹을 음식이나 사용할 물품 등을 관리하면서 도와준 이도 그녀였다. 이에 고종은 감사의 표시로 이전에 그녀에게 선물했던 양옥을 헐고 그 자리에 2층짜리 러시아식 벽돌 건물을 지어 그녀에게 경영권을 맡겼으니, 그것이 바로 우리나라 최초의 서양식 호텔인 손탁호텔이었다.

손탁호텔의 2층에는 외국 귀빈들이 묵었고, 1층에는 '정동구락부'라 불리는 카페가 있었다. '구락부'는 동호회를 뜻하는 영어 단어 클럽club을 일본식으로 음차한 것이니 '정동클럽'인 셈이다. 이곳은 영빈관으로서, 서양 요리와 호텔식 커피숍의 효시가 되었는데, 이곳에서 빵과 카스텔라를 소개했다는 것이다. 당시 빵은 '면포麵麭'(중국에서 빵을 일컫는 '미엔 파오'에서 따왔을 것이다) 카스텔라는 '설고雪糕'라 불렀다. 커피를 서양에서 들어왔다고 해서 '양탕국'이라고 불렀던 것처럼 말이다.

혹자는 카스텔라를 눈처럼 희다고 해서 '설고'라 이름 붙였다고 하나 그것은 잘못된 해석으로 보인다. 누구나 알고 있듯이 카스텔라는 달걀노른자로 인해 노란색을 띤다. 이미 숙종 때의 일암 이기지가 카스텔라의 레시피를 전한 바 있다. 거기에는 달걀 8개라고 적혀있고, 색깔이 노랗다고 명시되어 있다. 그것을 훗날 굳이 노른자를 빼고 흰자만을 사용하여 흰 카스텔라를 만들었을 까닭은 없지 않겠는가. '설고'의 설은 눈'설雪' 자이긴 하지만 색이 아닌 모양새에 착안한 것이다. 보슬보슬하고 보풀보풀한 눈 말이다. 눈처럼 폭신폭신하다는 데 초점을 맞추어 명명한 것이리라. 그전부터 우리에겐 백설기가 있었다. 희다는 뜻의 '백'자를 붙여서 희고 포슬포슬한 눈 같은 떡을 일컬었다. 카스텔라는 그러니까 백설기 같은 포슬포슬한 음식이란 뜻이었다. '백白' 자를 뺌으로써 희다는 의미를 나름 없앴다고나 할까.

손탁호텔의 커피숍에서 카스텔라를 커피와 함께 팔았다고 하니 당시의 정경을 머릿속에 떠올려 보면 재밌다. 당시에는 "구락부에서 설고를 먹고 양탕국을 마셨다"고 말했으리라.

카스텔라에 관한 기록들을 살펴보면 우리나라에 들어온 경로가 여럿이었겠다는 생각이 든다. 청나라에 갔던 사신들이 북경의 천주교 성당 남당과 유리창 거리에서 맛보았던 서양 빵이 귀국과 더불어 그들이 거주하던 한양 근처에서 조금씩 퍼졌으리라. 이기지, 이덕무, 박제가 같은 이들에 의해서 말이다.

또, 일본에 다녀온 통신사 일행을 통해 전해졌을 수도 있겠다. 일본에 표류하게 된 제주도민들을 통해서, 혹은 부산이나 목포 같은 항구 도시에 일본의 박물들 틈에 카스텔라가 왔을지도 모른다. 고종이 아관파천 했던 러시아대사관에서 혹은 러시아와 인연이 있는 손탁 같은 인물로부터 전해졌을 수도 있고 말이다.

무슨 빵 하나에 청나라, 일본, 러시아까지 다 나오냐 싶겠지만, 우리나라 조선말과 개화기시대가 그렇지 않았던가. 청나라, 일본, 러시아 심지어 영국, 프랑스, 미국까지 영토나 광산개발 등에 눈독을 들이며 잠식해 들어오던 때였다. 어떤 루트를 통해 들어왔는지 명확히 알 수 없지만, 하나가 아닌 다수의 경로를 통해 다양하게 들어왔을 가능성을 열어두는 게 좋겠다. 그만큼 혼란한 시대가 조선말이요 개화기시대였으니 말이다.

판데살

flat bread · sough dough · pizza · macaron · egg tarte

flat bread · sough dough · pizza · macaron · egg tarte

밥보다 싼 필리핀 국민 빵, 판데살

필리핀에는 '판데살Pan de Sal'이라는 빵이 있다. 빵의 라틴어 어원인 '파니스panis'에서 나온 스페인어 '빤pan'에다 소금이란 뜻의 '살Sal'을 of 의 뜻을 가진 de로 연결했으니, 'Bread of Salt' 즉, '소금빵'이란 뜻이다.

소박한 이름의 이 빵은 필리핀 사람들의 국민 빵이다. 밥보다 싸서 가난한 집에 쌀이 떨어지면 사서 먹을 정도다. 50~60페소, 한국 돈 1,500원 정도면 한 아름의 빵을 살 수 있다. 생각해보면 아이러니하게도 뉴욕 월스트리트를 주름잡는 거부들이 먹는 베이글과 쌀도 사기 힘든 필리핀의 빈민들이 먹는 빵의 재료가 밀가루와 소금과 물로 똑같다.

뉴욕의 부호들이야 베이글을 반으로 자른 뒤 빵 속에 크림치즈를 바른다거나 훈제연어나 염장 연어 등을 넣어 풍성하게 먹지만, 필리핀 서민들은 그냥 판데살 하나를 물과 같이 먹거나 아니면 싸고 흔한 콜라나 커피, 아이스티와 먹는다. 프랑스에서 아침에 바게트 굽는 냄새가 나듯이, 필리핀에서도 아침마다 동네의 작은 빵집에서 판데살 굽는 냄새를 맡을 수 있다. 갓 구워낸 따끈따끈한 빵과 따뜻한 커피믹스 한잔으로 아침 식사를 대신하는 경우가 많다.

필리핀은 커피와 설탕이 자체 생산되는 나라라서 커피와 설탕값이 저렴하다. 커피 믹스 또한 한국보다 훨씬 달짝지근해서 밋밋한 맛의 판데살과 잘 어울린다.

소금 빵이란 명칭과 달리 요즘은 모양만 판데살이지 달걀이며 버터, 우유 등을 첨가하여 풍미 가득하게 만들기도 한다. 이런 형태의 판데살은 마닐라에서 북서쪽으로 40킬로미터쯤 떨어진 곳에 있는 불라칸주의 발리왁에서 유래한 것으로, 달걀노른자와 우유, 설탕을 넣어 만든다. 재료만 보면 모닝롤(모닝빵)이 아닌가 싶을 것이다. 맞다. 우유, 버터, 설탕 등을 넣은 판데살은 모닝롤과 다를 바 없다. 약간의 차이점이라면 발효를 마친 반죽 표면에 고운 옥수수가루를 묻혀서 굽는 경우가 많다는 정도랄까. 하지만 요즘엔 창의력을 발휘한 다양한 변주들이 있다.

필리핀의 대표적인 프랜차이즈 빵집인 '판 데 마닐라'만 둘러봐도 요즘엔 여러 종류의 판데살이 만들어지고 있음을 알 수 있다. 크림치즈 판데살도 있고 시나몬 판데살도 있고, 몸에 좋은 마룽가이 가루를 섞은 마룽가이 판데살도 있다. 하지만 정통 판데살을 만들려면 밀가루, 물, 소금, 이스트로만 반죽하여 만들어야 한다. 모닝롤이나 판데살은 크기도 작고 모양도 단순할 뿐 아니라 특별한 재료가 필요한 것도 아니어서 만들기에 간단하고 만만해 보이기 쉽다. 하지만 1차 발효, 2차 발효까지 거쳐야 하는 까닭에 너무 만만하게 봤다가는 실패할 확률도 높다.

필리핀의 스페인 빵들

필리핀이라고 하면 많은 이들이 가난하다는 이미지를 가지고 있을 것이다. 하지만 빈부격차가 심해서 잘사는 사람들은 우리나라 웬만한 부유층보다 잘산다. 필리핀 마닐라의 대표적인 부촌 중 하나인 알라방 빌리지를 산책하다 보면 요트 한두 대나, 외제 차 서너 대 있는 집을 어렵지 않게 볼 수 있다. 흔히 '필리핀의 뉴욕'이라 불릴 정도로 세련된 보니파시오 글로벌시티는 최신식 빌딩으로 숲을 이룬다. 하지만 이런 부자 동네 사람들도 판데살을 먹는다. 대개는 앞서 말한 불라칸주의 발라와 식 판데살을 먹는데 오리지날 식 판데살을 먹기도 한다. 핫도그나 샌드위치에 쓰이는 빵처럼 다른 음식의 베이스로 사용하기에 좋기 때문이다. 물론 빵만 먹는 경우도 많은데, 맛이 너무 심심하다 싶을 땐 잼이나 버터를 발라 먹어도 좋다. 필리핀에서라면 빵집이나 슈퍼에서 파는 '예마 스프레드'를 이용하면 된다.

필리핀에는 스페인에 영향받은 빵들이 많다. 판데살이란 명칭도 스페인어인 것처럼 캐러멜 시럽인 예마로 둘러싼 '예마 케이크' 또한 스페인에 영향받은 빵이다. 그 외에도 아이 주먹만 한 빵 위에 치즈를 사정없이 뿌린 '치즈 엔사이마다'도 있고, 편의점에서도 팔 정도로 대중화된 '엠파나다'도 있다. 이렇듯 다양한 스페인식 빵이 필리핀에 존재하는 것은 그만큼 역사적으로 필리핀에 스페인의 영향력이 컸다는 뜻이 되겠다. 그렇다면 필리핀은 어쩌다가 이렇게 지리적으로 먼 유럽의 서쪽 끝에 있는 스페인의 영향을 강하게 받게 된 것일까?

선 하나로 세상을 양분한 포르투갈과 스페인

필리핀 곳곳에 스페인의 흔적이 많은 것은 역사 때문이다. 7,000여 개의 섬으로 이루어진 필리핀은 1565년부터 스페인의 통치를 받기 시작해서 1898년 필리핀이 독립하기까지 거의 300년 이상을 스페인 식민지 통치하에 있었다. 그러니 영향이 클 수밖에 없다. 사실 나라 이름부터 스페인 흔적이다. 1543년 마젤란에 이어 탐사를 위해 이 섬에 온 스페인의 빌라로보스가 당시 스페인의 황태자 펠리페 2세를 기념하여 '펠리페나스 섬들Las Islas Filipinas'이라고 명명했던 것이 오늘날 '필리핀'이라는 국명이 되었기 때문이다.

바야흐로 대항해시대, 유럽의 서쪽 끝에 있는 이베리아반도에 국경을 맞대고 있는 두 나라 포르투갈과 스페인은 대항해시대를 연 주역들로 영토분쟁이 잦았다. 1492년 콜럼버스가 아메리카대륙을 발견하자 스페인과 포르투갈 사이에 영토 구분을 둘러싼 분쟁이 일게 되었다. 이에 교황 알렉산더 6세는 콜럼버스가 아메리카대륙을 발견한 이듬해인 1493년 5월 4일 칙서를 발표했다.

칙서에 의하면 아조레스 군도와 카보베르데에서 서쪽으로 600킬로미터 떨어진 곳에 가상의 선을 긋고, 그 선의 동쪽에서 발견되는 영토에 대해서는 포르투갈이 모든 권리를 가지고, 그 선의 서쪽에서 발견되는 영토에 대해서는 스페인이 권리를 가진다는 것이었다.

이 칙령은 사실 스페인에 지나치게 우호적이었는데 거기에는 이유가 있었다. 교황 알렉산드르 6세가 스페인 출신인 것을 이용하여 당시 스페인의 페르난도 왕이 정치공작을 벌였기 때문이다. 이에 포르투갈의 주앙 2세는 교황의 칙령에 강하게 반발하게 된다. 그는 스페인 국왕과 직접 담판해서 이듬해에 양국의 경계선을 베르데곶에서 서쪽으로 약 2,200킬로미터 지점으로 옮기기로 확정하고 교황의 허락도 받아낸다. 1494년 6월에 체결한 이 조약이 바로 '토르데시야스 조약'이다. 스페인의 토르데시야스에서 체결되어서 붙은 명칭이다.

새로 그은 경계선으로 포르투갈은 브라질 동쪽 끝의 일부분을 차지할 수 있을 뿐이었지만, 브라질에 살짝 걸쳐 있는 경계선을 근거로 삼아 브라질을 자국의 식민지로 삼는 데 성공한다. 그것이 오늘날 라틴아메리카 대부분의 나라가 스페인어를 사용하는 데 비해 브라질에서는 포르투갈어를 사용하고 있는 이유다.

이러한 스페인과 포르투갈 간의 경계선 확정에 유럽의 다른 나라들은 당연히 불만을 품고 반발했지만, 스페인과 포르투갈은 적어도 한동안 자신들의 해외 영토 개척에 있어서 독점적 지위를 누릴 수 있었다.

마젤란은 세계 일주에 실패했다

마젤란은 원래 포르투갈 출신이었지만 스페인 국왕의 후원을 받아 1518년 스페인에서 출항했다. 그리고 남아메리카를 돌아 크고 넓은 망망한 바다를 지났다. 바다가 어찌나 잔잔하고 평화롭든지 그 바다를 크고 평화로운 바다 즉, '태평양太平洋'이라고 부르게 된다.

마젤란 일행은 괌섬을 거쳐 1521년 3월 21일 필리핀 세부에 도착한다. 마젤란은 필리핀을 스페인 영토라고 주장하고 각 부족장에게 복종할 것과 가톨릭으로 개종할 것을 명령했다. 그런대로 분위기가 형성되는 듯했지만, 막탄섬 족장인 라푸라푸는 달랐다. 그는 침략자 마젤란에 대항하여 용감히 싸웠다.

마젤란의 최후는 끔찍했다. 최정예 병사 60명을 이끌고 포함砲艦 외교가 무엇인지 보여 주려 했지만, 라푸라푸와 전투를 벌이던 중에 그는 필리핀 부족 병사들에게 머리엔 창, 다리에는 독화살이 박히는 등 심각한 상처를 입는다. 이에 마젤란은 급히 배로 돌아가려 했다. 하지만 결국 라푸라푸 병사들에게 끔찍하게 살육을 당했고, 시신조차 수습하지 못하는 신세가 되고 말았다.

그렇게 마젤란의 세계 일주 꿈은 필리핀에서 막을 내리게 되었고, 선장을 잃은 탐험대는 엘카노를 중심으로 항해를 계속하여 겨우 스페인으로 돌아갔다.

마젤란은 인류 최초로 세계 일주에 성공했다고 알려진 인물이다. 하지만 정확히 말하자면 그는 최초로 세계 일주를 항해한 선원 팀을 이끌던 우두머리였다고 표현하는 것이 옳을 것이다. 그가 세계 일주에 성공했다고 하기에도, 실패했다고 하기에도 조금 모호한 면이 있다. 스페인을 떠나 서쪽으로 항해하여 다시 스페인에 도착할 계획이었고 그의 함대와 몇몇 선원들은 결국 목표를 이뤘지만, 정작 그는 필리핀에서 막탄섬의 추장 라푸라푸의 손에 죽었기 때문이다.

그렇다면 라푸라푸는 누구일까. 외국인에게는 낯선 이름일지 모르지만, 필리핀에서는 아주 유명한 인물이다. 도시 곳곳에서 라푸라푸의 늠름한 모습을 동상으로 볼 수 있다.

마젤란은 세계 일주로 스페인의 이름을 드높이고, 그가 머무는 곳곳마다 가톨릭을 전파하겠다는 신념이 강했다. 한편, 라푸라푸에게는 그들 부족이 조상 대대로 살아왔던 삶의 터전을 외부의 침입자로부터 지켜내야 하는 임무가 있었다. 부족의 족장으로서 말이다.

그러니 둘은 각자 처한 신분과 임무와 삶의 목표와 가치관에 따라 충실히 살았다. 그러다 둘이 운명적으로 만나게 되었고, 서로 간에 양보할 수 없는 접점에서 적으로 부딪칠 수밖에 없었다.

침략자가 아닌 영웅으로 인정받는 마젤란

마젤란의 기념비는 그가 최후를 마친 세부에 1866년도에 설립되었다. 이 기념비 가까운 곳에 마젤란에 대항하여 용감하게 싸웠던 막탄섬의 족장 라푸라푸의 동상도 세워져 있다.

라푸라푸의 동상을 보면, 마치 만화영화에 등장하는 영웅 캐릭터처럼 굉장히 용맹스럽고 늠름하게 형상화된 것을 볼 수 있다. 라푸라푸는 필리핀을 지켜낸 자유와 평화의 파수꾼이란 상징이 되었다. 라푸라푸가 다스리던 곳은 라푸라푸시가 되었고 가장 맛있다고 생각하는 생선(우리나라의 다금바리에 해당한다)에 라푸라푸란 이름을 붙일 만큼 필리핀 사람들은 그를 사랑한다.

운명의 적수인 마젤란과 라푸라푸의 동상이 가까운 거리에 서 있는 것이 우리나라 사람들로서는 좀 황당하고 이해하기 쉽지 않겠지만, 필리핀에선 두 사람 모두 위인으로 기념한다. 라푸라푸는 침략자를 물리친 필리핀 원주민 선조로서의 용기와 기개 때문에, 마젤란은 소중한 종교인 가톨릭을 최초로 도입해준 인물로서다. 아이러니하게 느껴지기도 하지만, 보는 시각에 따라 달리 평가할 수도 있다.

라푸라푸는 낯선 침략자를 성공적으로 막아낸 영웅이다. 또 마젤란은 사실 그때부터 바로 필리핀이 식민지로 들어섰던 것도 아니고 단지 발견했을 뿐인 데다, 세부의 족장을 도와주기 위해 라푸라푸와 맞선 것이어서 아예 낯선 침략자로 보기도 힘들다. 특히 마젤란은 가톨릭을 필리핀에 전파해준 공이 있다. 1521년 4월 27일, 세부섬에 상륙한 마젤란은 원주민들을 가톨릭으로 포교를 했다. 라자 후마본 추장과 그 부락민들이 세례를 받은 것을 기념해 마젤란이 1521년 4월에 나무 십자가를 세웠는데 그것이 아직도 보관되어 있다. 이런 관점에서 생각해보면 둘의 동상을 한 공간에 세워 기념하는 것도 일견 의미있고 당연한 일처럼 보이기도 한다.

스페인의 침략과 필리핀의 탄생

라푸라푸 부족이 마젤란을 죽였다고 해서 필리핀이 스페인의 지배를 막을 수 있었던 것은 아니었다. 단지 시일을 좀 늦추었을 뿐이다. 1521년 마젤란이 라푸라푸 일행과 싸우다 죽자, 당시에는 크게 결속력이 없었던 7,000여 개의 섬으로 이루어졌던 필리핀은 일단 고비를 넘긴 듯했다. 하지만 20여 년 뒤에 스페인의 본격적인 침략이 시작되었다. 침략자들은 당시 스페인의 황태자였던 펠리페 2세의 이름을 따서, 나라 이름을 필리핀이라고 부르고 세부를 수도로 하여 필리핀 전역을 통치하게 되었다. 이후 1565년에 이르러 스페인은 세부섬에 식민지 기지를 건설하게 되었고, 이후 1571년 마닐라시 정복 이후 본격적으로 필리핀을 식민 통치하게 된다.

마젤란 일행이 필리핀 세부에 최초로 발을 디딘 때는 1521년이었지만 그때는 단지 도착만 했을 뿐, 이후 스페인은 약 50여 년에 걸쳐 필리핀의 섬들을 정복하고 식민지로 복속시켰다.

이 시기에 자주 등장하는 이름이 '미겔 로페스 데 레가스피'다. 그는 1565년에 필리핀 제도를 정복하여 초대 필리핀 총독이 된 스페인의 정복자다. 스페인에서 태어나 자란 레가스피는 1528년, 오늘날의 멕시코에 해당하는, 스페인의 부왕령인 식민지 누에바 스페인으로 생활 터전을 옮겼다. 이후 그는 재무 부서 평의회 의장이 되었다가 다시 멕시코 시티의 시장으로 진급하여 일하게 되었다.

1564년 로페스 데 레가스피는 원정 준비를 마치고 그해 11월 21일 새벽, 다섯 척으로 이루어진 함대와 500명의 무장군인, 수도사겸 항해사인 안드레스 데 우루다네타 등을 데리고 오늘날 멕시코 서해안에 있는 아카풀코에서 출항했다. 이후 레가스피와 부하들은 93일에 걸쳐 태평양을 항해하여 이듬해 2월 필리핀 레이테섬에 도착하고 13일에 세부섬으로 옮겼으며 3월 16일에는 보홀섬 해안에 상륙했다. 그들은 현지인들에게 자신들이 섬을 빼앗으러 온 게 아니라고 설득했다. 레가스피는 현지의 우두머리인 시카투나와 서로의 팔에 칼집을 내어 흘러내린 피를 섞어 마시며 우정의 증거로 삼는 '피의 맹약'을 하기도 한다.

이후 세부로 돌아온 레가스피 일행은 그곳에서 필리핀 최초의 스페인인 정착촌을 건설한다. 그리고 멕시코로 복귀했다가 2년 뒤인 1567년, 스페인 왕의 명령으로 200명의 스페인인과 멕시코 군인과 함께 세부섬에 도착했다. 그들은 정착민 도시를 만든 후에 산 페드로 요새를 쌓아 멕시코와의 무역 전초기지이자 적대적인 현지인들의 반란에 대비한 기지로 이용했다.

1571년, 스페인 총독 레가스피는 루손섬으로 진출하여 마닐라를 식민지로 만들고 마닐라 안에 성곽 도시인 인트라무로스를 건설했다. 인트라무로스라는 말 자체가 '성곽 안'이라는 뜻이다. 인트라무로스 안에서도 파시그 강이 내려다보이는 전략적인 장소에 산티아고 요새를 만들고 그들이 지낼 저택들도 건설했다. 레가스피는 마닐라가 필리핀의 수도이며 스페인의 영구 영토가 되었다고 선언했다. 필리핀에 정부를 수립하고 첫 번째 필리핀 총독이 된 그는 가톨릭을 전파하기 위해 심혈을 기울인다. 필리핀 현지인을 가톨릭으로 개종시키고 반항하는 자들을 고문하고 처형했다. 그 영향으로 많은 필리핀인이 가톨릭으로 개종했다. 오늘날 필리핀이 아시아 국가면서도 전체 인구 중 약 83퍼센트가 가톨릭 신도인 이유다.

레가스피는 총독이 된 지 1년만인 1572년 마닐라에서 심장 마비로 사망했다. 그의 시신은 인트라무로스의 산 아우구스틴 교회에 안치되었는데, 죽기 전에 민다나오 남부지역을 제외한 모든 필리핀 지역을 스페인 지배하에 두었다. 이후 300년 가까운 세월 동안 필리핀은 스페인 지배를 받게 되었다. 필리핀은 이렇게 애초의 결속력이 없는 부족 상태에서 벗어나서 가톨릭이라는 종교를 중심으로 하나의 나라가 되어갔다.

목표는 세계 일주가 아닌 향신료

다시 마젤란 얘기로 돌아가 보자. 마젤란과 그의 일행은 왜 탐험에 나섰던 것일까? 그들은 태평양을 횡단하여 최초의 세계 일주를 이룬 업적으로 알려졌지만, 탐험을 시작할 때 그들이 목표했던 것은 세계 일주로 유명해지는 것이 아니었다. 그들 역시 당대 거의 모든 탐험가와 마찬가지로 향신료를 찾기 위해 떠났던 것이다. 유럽에서 향신료는 인기가 많았는데, 수요만큼 공급이 따르지 않자 부르는 게 값일 정도로 가격이 치솟았다. 그 때문에 너도나도 향신료를 찾아 아시아로 가길 원했다. 하지만 문제는 어떻게 가느냐였다.

아프리카 남단인 희망봉을 돌아 아시아로 항해하는 물길은 포르투갈이 독점하고 있었으므로 스페인인이 이용할 수 없었다. 그래서 서쪽이 대서양으로 나아간 마젤란 함대가 마침 오늘날 필리핀 세부 섬에 닿으면서 필리핀 제도를 발견하게 된 것이다. 이후 1529년 4월 4일에 스페인과 포르투갈은 마드리드와 바르셀로나 가운데에 있는 사라고사라는 곳에서 조약을 맺게 된다. 이른바 '사라고사 조약'이다. 이전의 토르데시야스 조약 때 그은 하나의 경선으로는 둥근 지구에서 스페인과 포르투갈 두 나라의 영역으로 나눌 수 없었으므로 또 하나의 경선을 그어 세상을 양분해야 했기 때문이었다.

이에 두 나라는 협의로 태평양상에 경선 하나를 더 긋게 되는데, 뉴기니섬 중심부를 지나는 경선 서쪽은 포르투갈령, 동쪽은 스페인령이 되었다. 이에 향신료가 풍부한 곳으로서 두 나라 모두 눈독을 들이던 말라카 제도는 포르투갈의 영역 안에 들어갔다. 스페인의 국왕 카를로스 1세도 향료 제도로 알려진 말라카 제도를 영유하기 위해 무척 애썼지만 결국 포르투갈이 스페인에 35만 두카트의 배상금을 주기로 하는 선에서 합의했다.[19]

한편, 필리핀의 경우 이전의 토르데시야스 조약에 의해서나 새 경선에 의해서도 포르투갈령이 될 가능성이 컸지만, 포르투갈은 스페인이 점령하는 것을 눈감아주었다. 당시 포르투갈은 말라카 제도를 차지하게 된 데다, 스페인 함대가 필리핀을 발견하기도 했고, 무엇보다도 필리핀에는 향신료가 나지 않았기에 포르투갈은 그다지 관심이 없었기 때문이다.

금과 은이 넘쳐났던 동양의 진주 마닐라

사라고사 조약으로 스페인인들은 필리핀을 차지하게 되었지만, 그들이 필리핀을 오가기엔 어려움이 있었다. 당시 스페인이 필리핀을 오가기 위해서는 이베리아반도에 있는 스페인 본토에서 필리핀으로 오는 길을 생각하기 쉽겠지만 그게 아니었다. 당시 스페인은 이미 멕

---

19) 이 조약으로 그어진 경선에 의하면 지금의 한국, 중국, 일본은 포르투갈령에 속하게 되는 셈이다. 우리도 모르는 사이에 우리나라가 포르투갈의 식민지가 된 셈이라 어이가 없지만, 포르투갈이 마카오와 일본의 나가사키에 진출하게 된 배경이 되는 조약이다(5장 에그타르트 편과 6장 카스텔라 편 참조).

시코를 손에 넣고 부왕령으로 삼고 있었기에 이미 정착한 멕시코 부왕령에서 필리핀을 오갔다. 그러니까 마젤란 일행이 처음 필리핀을 발견할 당시에는 스페인에서부터 출발했지만, 그 뒤를 이어 항해했던 스페인의 여러 선단은 태평양 동쪽의 멕시코에서 서쪽으로 가로질러 항해하여 필리핀에 닿은 것이다. 그런데 멕시코에서 필리핀으로 가기는 비교적 쉬웠으나 돌아오는 데는 여러 번 실패하게 된다. 바람의 방향과 바닷물의 흐름으로 인해 아시아에서 동쪽을 향해 멕시코로 돌아오기가 어려웠기 때문이다.

이 문제를 탐험가이자 항해사겸 수도사인 안드레스 데 우르다네타가 해결하게 된다. 그는 멕시코 부왕 루이스 데 베라스코가 편성한 선단에 선단장인 레가스피와 함께 필리핀 항해를 나선다. 당시는 종교가 만연히던 때였고 새로 개척한 땅에 포교하기 위해 탐험대와 수도사가 동행하는 일이 비일비재했다. 우르다네타처럼 탐험가겸 수도사도 있었다.

필리핀의 세부섬에 도착한 이후, 정부에 보고하기 위해 멕시코로 귀항하게 된 우르다네타는 그해 6월 필리핀에서 출발하여 그때까지 어떤 선박도 지나간 적이 없는 해로를 택한다. 북쪽으로 우회해서 돌아가는 대권항로大圈航路를 택한 것인데, 4개월 후 멕시코의 아카풀코에 무사히 도착한다. 이로써 마침내 아메리카대륙과 아시아를 잇는 안전한 항로가 개척되었다.

이 항로가 개척되면서 마닐라는 중국 남부와 당시 스페인 통치하에 있던 멕시코 서부의 아카풀코를 잇는 항로의 중간 기착지 역할을 하게 된다. 필리핀과 멕시코 사이를 화물을 실은 갤리온선이 정기적으로 오가는 '갤리온 무역'으로 교류가 행해졌다. 중국인들이 중국 남부에서 비단이며 도자기, 상아 세공품과 같은 물건을 싣고 마닐라로 오면, 필리핀에 머물던 스페인인들은 은으로 중국제품들을 샀다. 당시 문화적으로 수준이 높았던 중국은 물물교환을 할만큼 탐나는 해외제품이 없었다. 그래서 물품 대금을 금이나 은으로 받았다. 그중에서도 은을 더 선호했다. 은이 비교적 작은 단위도 결제하기 수월했기 때문이었다. 마침 멕시코와 볼리비아의 포토시 은광에서 다량의 은이 생산되던 터라, 수많은 은이 마닐라로 유입되었다.

갤리온 무역으로 매년 25톤가량의 은이 중국을 위시한 동아시아 국가들의 경제 속으로 흘러들었다. 그리하여 마닐라는 19세기 중엽까지 '동양의 진주'라고 불릴 만큼 중요하고 귀한 항구로서 대접받았다. 1597년에 아카풀코에서 마닐라로 유입된 은의 양은 같은 해에 스페인으로 수출된 은의 양보다 훨씬 많았다. 페루의 은도 아카풀코를 경유하여 마닐라로 들어갔다. 1602년에 페루의 포토시 은광의 생산고는 690만 페소였는데 그중 거의 절반에 달하는 은이 멕시코를 통해 필리핀 마닐라로 들어갔다.[20]

그렇다고 마닐라 갤리온선이 일 년 내내 오갔던 것은 아니다. 마닐

---

20) 《라틴아메리카사》 마스다 요시오, 심산, 2003

라와 아카풀코를 오가는 배는 일 년에 단 한 척의 배가 왕복했을 뿐이었다. 멕시코나 페루의 금과 은이 아시아로 유출될 것을 우려해서 스페인 정부가 제한했던 까닭이다. 그런데도 경제효과가 막대했기 때문에 필리핀의 스페인인들은 이 정기선을 학수고대했다.[21]

마닐라는 멕시코의 경제에 필수불가결한 도시가 되었다. 이러한 중요도를 반영하듯 1583년에는 마닐라에, 스페인의 식민지 통치를 위해 현지에 설치하는 고등사법 재판소인 아우디엔시아가 설치되어 멕시코 부왕령의 담당 하에 들어갔다. 이후 멕시코가 실질적인 독립을 쟁취한 1821년까지 250년이 넘는 동안 필리핀은 오늘날 멕시코에 해당하는 누에바 스페인의 식민지가 되었다. 그동안 '갤리온 무역' 또한 태평양을 가로질러 마닐라와 아카풀코를 오가며 경제적으로 막대한 이득을 만들어내었다. 물론 그것이 필리핀 국민의 삶을 윤택하게 해준 것은 아니었다. 필리핀 토착민들은 소외된 채 단지 스페인인들의 금고를 불렸을 뿐이다.

미서전쟁으로 바뀐 식민지의 주인

1580년 스페인 국왕이 포르투갈 국왕까지 겸하게 되면서 스페인의 영토는 넓어지고 국력도 하늘 아래 최강국이 되었지만, 영광은 오

---

21) 《세계사 편력─청소년판》 J. 네루, 일빛, 2005

래가지 않았다. 17세기에 들어서 스페인은 계속 국력이 약해졌다. 그러다 1700년에 합스부르크가 최후의 왕 카를로스 2세가 후세 없이 죽자 그 왕위를 놓고 국가 간의 분쟁이 일어났다. 이른바 '스페인 왕위 계승 전쟁'이다. 왕위는 결국 프랑스 루이 14세의 손자인 펠리페 5세가 차지하게 된다. 그 대가로 스페인은 네덜란드와 남이탈리아를 잃게 된다. 브라질도 잃었으며 아메리카 식민지 무역을 둘러싼 각종 특권도 영국에 넘겨주게 되었다. 점점 약해지던 스페인은 결국 유럽 강대국 대열에서 탈락하게 되었다.[22]

하지만 필리핀에서의 스페인 입지는 까딱없었다. 오히려 줄어든 식민지에서 이전 수준의 이윤을 꾀하다 보니 수탈이 더 심해질 뿐이었다. 그러던 필리핀에서 스페인이 물러나게 된 것은 먼 쿠바에서부터 시작되었다. 어떻게 된 일일까?

발단은 1895년 쿠바에서 발생한 무장혁명이었다. 당시 쿠바는 스페인의 식민지였던 까닭에 스페인 군대는 혁명가담자들을 체포하고 무차별 학살하는 만행을 저질렀다. 이 때문에 미국에서는 스페인의 만행을 규탄하고 스페인과의 전쟁을 촉구하는 목소리가 높아가고 있었다. 마침 1898년 2월, 쿠바 근해에 파견되었던 미 해군 순양함인 메인호에 원인 모를 폭발사고가 나서 260명의 승무원이 사망하는 일이 발생했다. 명확한 원인은 알 수 없었지만, 사람들은 스페

---

22) 《라틴아메리카사》마스다 요시오, 심산, 2003

인의 소행이라 생각했다. 때는 바야흐로 미국이 팽창주의 정책을 추진해나가고 있던 1890년대 즈음이었다. 미국은 스페인을 상대로 전쟁을 벌였으니, 그것이 바로 '미서전쟁'이다. 미서전쟁은 미국의 승리로 끝났다. 미국의 말대로라면 '소풍 같은 전쟁'이었다. 스페인은 미국에 적수도 되지 않았고, 전쟁에서의 패배로 말미암아 스페인은 쿠바뿐 아니라 필리핀에서도 물러나게 된다.

필리핀인들은 내심 기대했다. 스페인이 몰락했으니 이제 스페인으로부터의 오랜 식민통치가 막을 내릴 것이라고 말이다. 하지만 세계사를 통틀어 볼 때, 자유와 독립이 어디 그렇게 쉽게 찾아오던 것이던가. 미국과 스페인이 합의하여 필리핀은 미국 소유가 되었으니 필리핀은 그대로고 필리핀에 대한 소유권만 이전된 것이었다. 그 사실을 알게 된 필리핀 국민은 격분했고 새로운 적인 미국 식민지배자들을 대상으로 무장으로 맞서 싸웠다. 그 결과, 1905년까지 수많은 인명이 희생되었다. 미국은 필리핀 사람들을 진정시키기 위해 애썼다. 미국은 1934년에 의회에서 필리핀 독립법을 통과시켰고, 10년 동안 그들이 자치권을 확립할 수 있도록 조치하는 등 스페인보다 훨씬 필리핀에 동정적이랄까 진보적으로 필리핀을 통치했다. 필리핀이 타갈로그어와 영어를 공용어로 쓰고 영어 어학연수로 주목받는 데는 이렇게 50년가량 미국 식민지하에 있었기 때문이다. 그 사이에 변수도 있었다. 제2차 세계대전이 발발한 이후 전쟁의 추이에 따라, 1943년 일본이 필리핀을 점령하게 된 것이다. 하지만 1944년 미국이 다시 돌아왔고, 필리핀 사람들의 전폭적인 지지를 등에 업고 1945년 일본을 몰아냈다. 이듬해인 1946년 필리핀은 공화국을 선포하고 마침내 독립 국가가 되었다.

이처럼 필리핀은 역사상 스페인, 미국, 일본, 다시 미국을 거치면서 오랜 식민통치를 겪었다. 그로 인해 종교, 언어, 건축물, 교육제도 등 사회 전반에 걸쳐 다양한 문화와 풍습들이 혼재되고 녹아들어 오늘날까지 일상 곳곳에 그 흔적이 남아 있다.

토르티야

변신의 귀재 토르티야

'토르티야tortilla'는 옥수수를 이용해서 전처럼 얇게 부친 고소한 플랫브레드다. 16세기 중남미를 지배하던 스페인 정복자들이 붙인 이름으로서, 그들이 중남미 지역을 정복한 후에는 밀가루나 감자를 이용하여 토르티야를 만들기도 했다. 그래서 오늘날 슈퍼마켓 냉동칸에서 볼 수 있는 토르티야 중에는 옥수숫가루뿐만 아니라 밀가루로 만든 것도 많다. 게다가 스페인 본토에서는 달걀이나 감자로 만드는 오믈렛 같은 것을 일컫기도 한다. 이렇게 토르티야는 나라와 장소에 따라 그 모양새와 재료가 조금씩 다른 것이 사실이다. 이 장에서는 멕시코를 비롯한 중남미 원주민들이 즐겨 먹는 옥수수를 재료로 한 토르티야를 위주로 이야기를 해볼까 한다.

멕시코의 전통 빵이자 멕시코인들의 주식인 토르티야는 옥수숫가루를 반죽해 둥글고 납작하게 밀어서 구운 무 발효빵이다. 토르티야는 그것을 어떻게 먹느냐, 또는 그것에 무엇을 넣어 먹느냐에 따라 다양하게 변한다. 예를 들어 토르티야 위에 볶은 소고기나 닭고기, 토마토, 양파, 양상추 등을 얹고, 칠리소스를 뿌린 후 반으로 접으면 '타코'가 된다. 그리고 토르티야에 고기, 콩, 양파, 생토마토 등을 넣고 김밥 모양으로 완전히 말면 '부리또'가 된다. 한편, 토르티야를 칩 형태로 튀기거나 구우면 간식이나 안주로 즐겨 먹는 '나초'가 된다. 그뿐만이 아니다. 치즈, 채소, 고기 등을 토르티야로 넣어 반으로 접은 후 구워낸 '케사디야', 기름에 살짝 데운 토르티야에 닭, 돼지, 소고기 등을 선택해서 김말이처럼 말아낸 '엔칠라다', 토르티야와 각종 재료와 소스를 따로 내어, 먹는 사람이 입맛에 맞추어 재료를 선택하여 싸 먹도록 하는 '파히타 플레이트' 등 토르티야를 이용한 다양한 음식들이 있다.

토르티야에 음식을 완전히 쌌는지, 반으로 접기만 했는지, 돌돌 말았는지, 아니면 부재료 없이 토르티야를 튀겼는지에 따라 케사디야, 타코, 부리또, 나초 등의 음식이 되니, 기승전 토르티야다. 그만큼 토르티야는 멕시코인들의 식탁에 오르는 필수 음식인 것이다.

멕시코 음식에 토르티야가 많이 사용되는 것은 재료가 되는 옥수수가 풍부하기 때문이다. 옥수수는 메소아메리카인들의 주된 곡물이다. 프랑스 역사학자 페르낭 브로델은 아스테카·마야 등 멕시코 문명이 꽃필 수 있었던 데에는 옥수수라는 풍족한 식량 자원이 있었기 때문이라고 주장한다.

피라미드라고 하면 이집트를 떠올리겠지만, 멕시코에도 피라미드가 있다. 이집트의 피라미드처럼 쌓아 올리되 최정상 부분을 편평하고 넓은 대臺의 형태로 만든 것이 다르다. 전국에 피라미드 10만 기가 산재했을 만큼 피라미드가 많았는데, 이집트인들이 밀과 보리로 만든 빵과 맥주를 먹고 마시며 이집트의 피라미드를 건설했던 것처럼, 멕시코인들은 옥수수로 만든 빵인 토르티야를 먹으며 멕시코의 피라미드를 쌓아 올렸다.

옥수수가 만들어낸 메소아메리카 문명

멕시코는 옥수수의 원산지다. 맨 처음 야생에서 발견한 옥수수는 오늘날의 옥수수와는 사뭇 달랐다. 엄지손가락만 한 크기에 낱알도 몇 개 안 달린 형태였다. 그랬던 것을 기원전 5000년경, 오늘날의 멕시코 지역에서 사냥하고 채집 생활을 하며 살던 사람들이 재배하기 시작했다. 그리고 그중에서 특히 낱알이 많은 것들을 종자 삼아 인공적으로 개량을 거듭해서 기원전 2000년경에는 소출이 많은 옥수수를 재배할 수 있게 되었다.

사람들은 농업수확량을 늘리기 위해 언덕에는 계단식 토지를 만들고 호수 지역에는 치남파라고 하는 인공토지를 만들어 경작했다. 오늘날 옥수수는 유럽인의 밀, 아시아인의 쌀과 더불어 세계 3대 곡물로 꼽힌다. 밀이나 벼가 한 알에서 30배 이상의 효율을 내기가 힘든 반면, 옥수수는 광합성 효율이 높아서 잘만 하면 수백 배까지도 수확할 수 있다. 게다가 멕시코에서는 자그마치 옥수수 7모작도 가능하다. 일 년에 7번이나 옥수수를 심고 수확할 수 있다니, 옥수수가 주는 풍성함이 가히 놀랄만하다.

이렇듯 옥수수가 풍부한 수확량으로 멕시코인들의 든든한 식량이 되다 보니, 이 땅의 사람들은 옥수수를 소중히 여겼다. 마야인들은 옥수수 신인 '운날예'를 가장 신성한 존재로 여겼다. 아이가 태어나면 옥수수 잎 위에서 탯줄을 자르고, 그 옥수수 낟알을 심어서 옥수수를 수확하면 그 일부를 신에게 바쳤다. 그리고 아이가 클 때까지 탯줄을 자를 때 피를 묻힌 옥수수 종자에서 나온 수확으로 충당했다. 그만큼 옥수수와 사람의 일체감을 강조했다.[23]

옥수수는 메소아메리카(멕시코와 중앙아메리카 북·서부를 포함한 지역) 전역에서 주식으로 애용되었을 뿐 아니라 껍질, 대, 수염, 뿌리를 땔감, 공예품 재료, 비료 등으로 다양하게 활용했다.

스페인 정복자들의 기록에 의하면 아스테카인들은 옥수수를 '귀한 것', '우리의 살', '우리의 뼈'라고 스페인인들에게 소개할 정도로 소중히 여겼다 한다. 아스테카 여인들은 매일 아침 돗자리 위에 꿇어앉은 자세로 손 맷돌로 옥수수를 갈아서 무릎에 굳은살이 박이고 맷돌 소

---

23) 《라틴아메리카 역사 다이제스트 100》 이강혁, 가람기획, 2008

리에 아이들이 잠을 깰 정도였다고 한다. 최근까지도 멕시코에서는 이렇게 손 맷돌로 옥수수를 갈아서 토르티야를 만들었고 요즘도 멕시코 시장 거리에서는 옥수수 반죽을 둥글고 납작한 빈대떡처럼 빚어 토르티야를 굽는 모습을 흔히 볼 수 있다. 지금까지도 토르티야가 멕시코인들의 주식이긴 하지만, 오늘날에는 집에서 만들기보다 사먹는 경우가 많다.

총보다 무서운 병균

옥수수를 먹으며 평화롭게 살아가던 멕시코인들의 삶은 콜럼버스의 아메리카대륙 발견과 더불어 완전히 바뀐다. 1492년 콜럼버스가 카리브해에서 두 번째로 큰 섬인 히스파니올라섬에 닿았다. 거기서 그는 타이노족을 만났다. 타이노족은 마을을 이루고 살면서 옥수수, 얌, 면화 등을 재배하고 있었다. 그들은 스페인인들에게 친절하고 관대하게 대했다. 그러나 우호적인 관계는 곧 물거품이 되었다. 콜럼버스는 아메리카대륙 발견 이후 네 번에 걸쳐 스페인과 아메리카대륙을 오갔는데 그때마다 스페인인들이 따라 들어와 히스파니올라섬(지금의 도미니카 공화국과 아이티가 있는 섬)과 쿠바, 푸에르토리코에 발을 내딛었다. 그런데 그들은 타이노족이 걸친 황금장식을 탐내게 되고 타이노족을 핍박하여 더 많은 황금을 가져오도록 했다. 그와 동시에 스페인인들은 타이노족을 가톨릭으로 개종하게 했다.

한편, 스페인인들은 아메리카대륙에 올 때, 자신들도 모르는 사이에 총보다 강력한 것들을 데려왔다. 그것은 천연두, 홍역, 독감처럼 맨눈으로는 볼 수 없지만 치명적인 병균이었다. 아메리카 원주민들은 그 병들에 면역이 없어서 저항할 수 없었다. 이러한 균들은 빠르게 퍼져서 마을과 마을을 연이어 휩쓸었다.

1500~1600년 사이에 수백만 명의 아메리카 원주민들이 죽었다. 천연두는 유럽에서는 오랜 기간 널리 퍼져있었고 그 까닭으로 대부분의 유럽인은 적어도 부분적으로는 항체를 갖고 있었다. 그러나 아메리카에는 유럽인들이 오기 전에는 천연두라는 병이 없었기 때문에 아메리카의 원주민들은 그 병에 대한 면역력이 없었다. 질병은 치명적이었다. 스페인 병사들이 멕시코에 도착한 수개월 내에 수천 명이 아메리카 원주민들이 천연두에 걸려 죽었다

가혹한 상황과 스페인인들에 의해 유입된 새로운 질병들로 인해 멕시코 인구는 1519년 2,500만 명에서 1600년에는 거의 100만 명이 넘는 인구로 줄어들었다. 25명의 원주민이 있었다면, 24명이 죽고 겨우 한 명만 목숨을 부지할 수 있은 셈이다. 이렇듯 스페인인들에 의해 빠르게 퍼져나간 질병 때문에 카리브해 주변 여러 섬에 살던 아메리카 원주민의 인구가 1500년대에 자그만치 90퍼센트가 감소하는 일이 발생한다. 이 질병은 나중에 남아메리카까지 퍼져 나간다.

황금의 도시 엘도라도를 찾아온 약탈자

스페인은 쿠바를 비롯해 아메리카 해안을 탐사했다. 종교적인 열의와 더불어 황금이 풍부한 제국에 관한 이야기에 매혹된 이들이 곧 모험에 합류했다. 초창기 침략자 중에 에르난 코르테스라는 이가 있었다. 코르테스는 1519년, 11척의 함대와 600여 명의 부하와 16마리의 말, 14문의 대포를 가지고 오늘날 멕시코시티의 외항인 베라크루스에 상륙했다.

낯선 사람들이 배를 타고 왔다는 전갈을 받은 아스테카 왕국의 수장 목테수마 2세는 그들이 신이 아닐까 생각한다. 뜬금없는 말 같지만 그렇게 생각할만한 이유가 있었다. 먼 옛날부터 내려오던 신화가 있었는데, 케찰코아틀이라는 신적인 왕이 훗날 동쪽에서 다시 돌아올 거라고 약속했다는 이야기였다.

목테수마 2세는 희고 창백한 피부에 턱수염을 기른 낯선 인물이 케찰코아틀일지 모른다는 생각에 진기한 보석과 금과 은을 선물로 보낸다. 그런데 이 선물이 코르테스의 탐욕을 더 부추기게 된다. '황금의 도시 엘도라도를 찾아왔는데, 여기가 바로 그 엘도라도인가보다' 라고 여긴 것이다. 16세기에 멕시코와 페루를 정복한 스페인인 정복자들은 '엘도라도'라고 하는 전설 속 황금도시를 찾을 기대로 탐험에 박차를 가했는데, 코르테스 역시 그중 하나였다.

코르테스는 선물을 받고 고이 돌아갈 의향이 없었다. 대신 전투와 협상을 하면서 부대를 이끌고 수도를 향해 내륙으로 계속 나아갔다.

마침내 그들은 수도인 테노치티틀란에 닿았고, 눈부신 도시의 경관에 놀랐다.

'거대한 신전들이 있었고, 탑들이며 요새들이 하얗게 씻겨 있었으며, 아름답게 반짝거리고 있었다'라고 당시 황제의 궁궐에 도착했던 한 병사는 소감을 남겨놓았다.

목테수마 2세는 수도로 진격해온 코르테스를 환영했다. 그때까지도 신화 속에서 꿈을 꾸고 있었던 건지, 다른 대안이 없으니 자극하지 않으려던 의도였는지 모르겠지만 말이다. 하지만 얼마 못 가서 아스테카인들과 스페인인들 사이의 관계는 점차 껄끄럽고 불편해졌다. 아스테카인들은 스페인인들을 도시로부터 내몰기 위해 전투를 벌였고, 목테수마 2세는 이 전투에서 목숨을 잃는다.

코르테스는 작전상 후퇴한다. 그리고 새로운 공격계획을 세운다. 1521년 수백 명에 불과한 스페인군은 동맹군들과 함께 테노치티틀란을 공격하여 무려 4만 명의 원주민 군대와 싸워 승리한다. 아스테카는 그들에 의해 정복되었던 부족의 반감과 스페인의 우수한 화력에 맥없이 무너지고 말았다. 아스테카인들이 겨우 나무 곤봉으로 상대에게 상해를 입힐 정도였던 반면, 스페인은 치명적인 살상을 할 수 있는 총이 있었다. 상대가 되지 않는 화력 차이였다. 스페인군은 잔인하게 도시를 파괴하고 무너뜨렸다.

"길에는 부서진 방패 조각들이 널브러져 있었고, 우리는 고뇌로 머리카락을 쥐어뜯었다. 집들은 지붕들이 다 날아가고 벽은 피로 붉게

물들었다"라고 무명의 아스테카인은 통곡했다.

테노치티틀란의 잔해 위에 스페인은 훗날 새로운 수도인 '멕시코시티'를 건설했다. 멕시코 시티는 아메리카에 있는 스페인의 심장부가 되었다.

코르테스가 멕시코를 무너뜨리고 갑부가 되었다는 소식이 본국에 전해졌다. 이 소식을 들은 다른 탐험가들은 코르테스로부터 영감을 얻었다. 그중에 프란시스코 피사로라는 사람이 있었다. 그는 1532년 페루에 도착했다. 그때는 잉카제국의 지도자 아타우알파가 형제와의 권력다툼으로 인한 피비린내 나는 내전을 치르고 왕좌를 차지한 직후였다.

피사로가 잉카제국에 도착했을 무렵, 이미 수백만 명의 사람들이 천연두와 장티푸스, 인플루엔자와 같은 전염병에 희생을 당한 상태였다. 많은 사람이 질병에 의해 약해진 상태였기 때문에 싸우기가 더 힘들었다. 전염병은 아메리카 원주민들에게 스페인의 검이나 대포들보다 더 치명적이었다.

유럽에서 들어온 전염병으로 이미 쑥대밭이 된 원주민들을 대상으로 피사로는 황금에 대한 욕망을 있는 대로 채운다. 콜럼버스와 코르테스, 피사로를 움직이게 한 원동력은 겉으로는 십자가와 탐험 정신이었지만, 속으로는 향신료와 황금으로 대변되는 물욕이었다. 황금을 향한 욕심은 커다란 동기가 되어 침략과 약탈을 추진하게 했다.

적대관계에 있던 원주민끼리의 오래된 원한을 이용했던 코르테스의 전례를 따라, 피사로 역시 원주민 동맹들의 도움으로 잉카제국의 황제 아타우알파의 수천 명 추종자를 살육한 뒤에 아타우알파를 생포했다. 피사로는 아타우알파를 인질로 잡아놓고 어마어마하게 많은 몸값을 요구했다. 잉카인들이 그들의 왕을 구하고자 금과 보석들은 물론 수많은 잉카제국의 보물들을 코르테스에게 바쳤다. 스페인인들이 잉카제국 왕을 사로잡고 수도 쿠스코를 점령하여 약탈한 순금은 약 6톤이었고, 은은 10톤이 훨씬 넘었다.[24)]

그러나 잉카인들이 그들의 왕을 구하기 위해 갖은 무리를 해가며 채워준 황금들은 아타우알파를 구하는 데 도움이 되지 못했다. 피사로는 몸값만 챙기고는 아타우알파를 죽여버렸다.

총, 균, 신화, 분열

수백 명밖에 안 되던 유럽 병사들이 어떻게 수만 명이 넘는 아메리카 원주민들의 거대한 제국을 정복할 수 있었을까? 스페인의 놀라운 성공 뒤에는 몇 가지 이유가 있었다.

첫째, 우월한 군사기술이다. 스페인군은 머스킷 총과 대포들로 원주민 병사들을 죽였다. 그 살상 무기에 대적한 원주민들의 무기라고는 화살과 방패가 전부였다. 방패는 총알과 포탄을 막아주지 못했고,

---

24) 《역사 속 세금 이야기》 문점식, 세경사, 2018

화살은 스페인군의 쇠로 된 헬멧과 갑옷을 뚫기 어려웠다.

둘째, 스페인군은 수십 마리(16마리라는 기록도 있고 40마리라는 기록도 있다)의 말이 있었다. 말 수십 마리라면 별거 아닌 것 같지만, 그때까지 아메리카대륙에는 말이 없었기 때문에 원주민은 처음 접해보는 동물의 존재 자체로 커다란 공포를 느꼈다. 엄청나게 빠르게 달리는 속도에 놀랐고(아메리카대륙에 있던 동물들이라야 라마 같은 얌전한 초식동물이 전부였던 시절이었다), 덩치에도 놀랐지만, 말들이 달릴 때 나는 말발굽 소리가 더욱 공포스러웠다. 이뿐만 아니라 스페인 정복자들은 원주민들이 낯설고 큰소리에 놀란다는 것을 알고 의도적으로 말에 방울을 달아 소리를 크게 했다. 기선은 제압되었고, 그것으로 끝이었다.

셋째, 유럽인들에 의해 전파된 전염병 때문이었다. 전염병으로 인해 아스테카와 잉카인들은 제대로 싸워보지도 못하고 죽은 이들이 훨씬 많았다. 수백만 명의 사람들이 병에 노출되어 속수무책으로 죽어갔고, 그것을 목격한 생존자들은 생존자들대로 당혹하면서 사기가 꺾였다. 자신들이 섬기는 신이 침략자들이 섬기는 신보다 약하다고 느꼈기 때문이다.

넷째, 아스테카나 잉카의 사람들이 신화의 세계에 있었기 때문이었다. 목테수마 2세가 코르테스를 '미래에 다시 오겠다고 약속한 케찰코아틀 신'일지도 모른다고 여겼던 것부터 원주민의 신화가 역사에 끼어들었다. 그것은 마지막에도 마찬가지였다. 많은 원주민이 그들이 겪는 고난을 세상의 끝으로 여겼다. 아스테카인들은 테노치티틀란이 파괴됨으로써 태양신의 지배가 끝나는 것을 알리는 것이라 여겼다. 스페인군의 침략이라는 냉엄한 현실을, 원주민들은 처음부터 끝까지 신호와 미신으로 해석했다는 것을 알 수 있다. 현실이 가혹할 때 몽상은 금물이다. 차가운 이성만이 솟아날 구멍을 찾아낼 수 있다.

끝으로 원주민들 사이의 분열과 불만이 스페인군을 도왔다. 스페인인들은 원주민 적대 그룹들 사이의 오래 묵은 원한을 이용했다. 사실 코르테스와 피사로에게 많은 전투력을 제공한 이들은 이들 원주민이었다. 여기서 우리는 문제의 인물 하나를 짚고 넘어갈 필요가 있다.

메스티소의 어머니 말린체

코르테스가 테노치티틀란을 향해 갈 때 그의 곁에는 한 여인이 있었다. 그녀는 통역사인 젊은 원주민 여자 말린체였다. 1519년 당시 스페인과의 전쟁에서 패배한 마야인들이 스페인인들에게 20명의 여자 노예를 바쳤는데 그중 한 명이였다. 그녀의 본명은 말리날리 테네팔로 원래는 지역 족장의 딸이었다. 하지만 역사의 소용돌이 속에서 신분의 부침을 겪고 있었다. 당시에는 그녀가 이후 세상에 끼치게 될 영향력을 누구도 알지 못했다.

말린체Malinche는 비상한 두뇌에다 언어에 천부적인 감각이 있었다. 마야어와 나우아틀어(아스테카인들이 사용하던 언어)를 구사할 줄 알았던 데다, 스페인어까지 빨리 습득했다고 한다. 그녀는 노예 생활 중 스페인의 정복자 에르난 코르테스의 눈에 띄게 된다. 스페인인들의 영향으로 세례까지 받은 그녀는 가톨릭 세례명으로 '도냐 마리아'라 불렸다.

그녀는 스페인인들이 남미에서 정복 전쟁을 벌이는 데 큰 난제였던 언어의 문제를 간단하게 해결해 주었다. 그렇다고 그녀의 역할이 단순히 통역에만 그친 것도 아니었다. 그녀는 코르테스에게 원주민의 풍습이나 상황을 알려주고 중요한 정보를 주며 조언을 하기도 했다. 코르테스가 말린체에게서 들은 중요한 정보 중 하나는 아스테카 지배자에 의해 정복된 다른 아메리카 원주민들이 아스테카 지배자를 증오한다는 사실이었다. 아메리카 원주민끼리도 사이가 안 좋은 것은 당연한 일이었다.

아스테카는 전쟁에 패한 부족들에서 세금을 가혹하게 수탈했다. 그리고 생포한 수천 명의 포로를 매년 그들의 신을 위해 인신 공양해왔다. 신전의 높은 제단 위에 살아있는 포로를 눕혀놓고 날카로운 흑요석 돌칼로 심장을 도려내어 신께 바치고 나머지 시신은 계단 아래로 굴러 떨어뜨려 쌓이게 했다니 그런 야만적인 처사에 원한이 안 쌓일 리 없었다. 코르테스는 그 원한을 이용하기로 한다. 물론 말린체의 도움으로 말이다. 말린체의 유능한 혀는 코르테스를 도와 이들 원한에 찬 부족들이 동맹을 맺도록 했고 아스테카를 상대로 싸우려는 코르테스를 돕도록 만들었다. 1521년 제국의 멸망을 앞당기는 데에는 말린체의 도움이 결정적 계기가 되었다.

말린체는 코르테스의 조력자로 일하는 동안 어느새 그의 연인이자 정부情婦가 되었다. 결혼은 이후 에르난 코르테스의 부하였던 후안 하라미요와 하게 되지만, 그 전인 1523년 정식으로 결혼하지 않은 상태에서 그녀는 코르테스의 아들을 낳는다. 마르틴이라 이름을 붙인 아들은 백인 남성과 원주민 여성 사이의 혼혈인 메스티소였다.

이로 인해 말린체에 대해 냉혹하게 평가하기가 좀 어색하고 난감해지게 된다. 말린체는 아스테카제국을 멸망으로 이끈 '민족 배신자'지만, 동시에 메스티소들이 현존할 수 있게 한 어머니였으므로 말린체를 보는 멕시코인들의 시선이 단순할 수 없는 것이다. 오늘날 메스티소가 멕시코 인구의 60~70퍼센트를 차지하다 보니, 메스티소의 어머니 격인 말린체를 불명예스러워하거나 욕할 수만은 없는 인물이 되었다.

메스티소들 대부분은 스페인 정복자인 백인 아버지와 피정복자인 원주민 어머니 사이에서 태어났으니까 그녀를 부정하는 것은 그들 메스티소의 존재 자체를 부정적으로 보게 만드는 꼴이 되기 때문이다. 그래서 말린체에게는 정복자를 위해 부역한 배신자라는 차가운 시선 한편으로 살기 위해 어쩔 수 없이 운명에 순응했던 여인이란 동정적인 시선도 있다. 식민지 문화의 특성으로 꼽히는 숙명주의를 일

컫는 스페인어 '말린치스모Malinchismo'라는 말도 그녀의 이름에서 유래
되었다.

세계의 은 시장을 장악한 스페인

아타우알파의 사후에도 잉카제국의 귀족들은 포기하지 않았다. 그
들은 침략자들을 상대로 계속 저항했다. 수년 동안 마야인들은 스페
인의 지배에 항거해 싸웠다.

스페인은 잉카제국의 역사, 언어, 문화를 존중하지 않았다. 그들은
원주민들이 가톨릭 신자가 되기를 원했고, 스페인 말을 하기를 바랐
으며 잉카인들의 기억할 가치가 있는 훌륭한 과거에 대해서는 잊기
를 바랐다.

아타우알파가 죽은 지 오랜 뒤에도 잉카인들 사이에서 반란이 터
져 나왔다. 아메리카 전역에서 잉카인들은 그들 고유의 언어와 종교
적 전통, 복식 등의 문화를 보존하면서 유럽인들에 저항했다.

계속되는 저항에도 불구하고 침략자들은 잉카의 심장부로 급속히
퍼져갔다. 잉카인들은 1536년까지 스페인의 지배와 싸웠으나 결국 패
배했다. 그 이후 잉카제국 전체는 스페인 통치하에 들어가게 되었다.

페루에서 시작된 스페인 병사의 무력은 이후 에콰도르와 칠레를
가로지르며 밀려들었다. 오래지 않아 스페인은 남아메리카 대부분
을 스페인 제국에 더하며 번성하게 된다.

스페인은 멕시코와 페루의 안데스산맥에 있는 광산을 장악한다. 애초에 꿈꾸었던 황금의 도시 엘도라도는 찾지 못했지만 포토시의 은광을 비롯하여 엄청나게 매장되어있는 은 광산을 발견하게 되었다. 결국 라틴아메리카의 귀금속 중 90퍼센트가 스페인 사람들의 손에 들어가 이후 스페인은 세상의 은 시장을 독점하게 된다.

스페인은 라틴아메리카의 은을 장악하여 중국의 문을 열었다. 당시는 명나라 시절이었다. 중국, 태평양, 필리핀에 접근한 스페인의 무역 루트는 세상을 좁다는 듯 활개를 쳤다. 라틴아메리카인들은 그들대로 스페인에 맞섰다. 계속된 저항 중 가장 대표적인 경우는 투팍 아마루의 봉기와 이달고 신부의 독립 투쟁일 것이다.

멕시코의 민중 저항과 독립운동

투팍 아마루 2세의 봉기부터 살펴보자. 투팍 아마루 2세는 18세기 스페인 식민시대에 페루 잉카 부흥을 외치며 스페인에 항거하는 봉기를 일으켰던 민족 지도자였다. 그는 결국 생포되어 처형되었지만 페루의 독립 투쟁 및 원주민 권리 운동의 신화적인 인물로 여겨진다.

당시 볼리비아, 에콰도르, 페루 등 안데스 지역의 인구 90퍼센트를 차지하던 원주민들은 스페인과 가톨릭 교회에서 부과하는 과도한 세금으로 궁핍하게 살았고 공공사업에 불려 나가 강제 노동에 시달렸다. 투팍 아마루 2세는 원주민 노동 조건 및 지위 향상을 스페인

당국에 요청했으나 소용이 없자 봉기를 결심한다.

1738년 페루 쿠스코에서 메스티소로 태어난 그의 본명은 호세 가브리엘 콘도르칸키였다. 하지만 그는 잉카제국의 마지막 황제였던 투팍 아마루를 승계한다는 상징적 의미로 이름을 투팍 아마루 2세로 바꾸었다. 그리고 페루 원주민 권리 향상을 위한 잉카 부활 운동을 벌였다. 1780년 11월 4일 틴타 지역구의 식민정부 관리를 연회에서 생포하여 4,000명의 군중 앞에서 처형하고, 스페인의 부당한 대우와 원주민의 권리를 설파하며 봉기를 이어갔다. 이에 스페인은 1,300명의 군대를 파견하여 상가라라에서 전투를 벌였으나 투팍 아마루 2세가 승리했다.

하지만 봉기 군은 스페인 정착민을 포함하여 마을을 약탈하고 학살을 자행하여 주변 지지 세력을 잃게 되었다. 결국 조직이 분열되고 배신자들이 생기면서 그는 생포되었고, 1781년 5월 18일 가족들 앞에서 사지가 찢기는 거열형을 받고, 다시 쿠스코 중앙 광장에서 목이 잘리는 끔찍한 최후를 맞이한다.

지금의 멕시코 지역은 당시에는 '누에바 에스파냐('새로운 스페인'이란 뜻) 부왕령'이라 불렸는데, 스페인의 다른 식민지들과 비교해 본국(스페인)과의 거리도 가깝고 수탈할 수 있는 것들도 많은 지역이어서 스페인 입장에서 가장 중요한 식민지였다. 그래서 스페인 본국은 누에바 에스파냐 부왕령을 다른 식민지보다 특히 많이 통제했다. 이에 저항 세력은 움츠러들고 약화할 수밖에 없었다.

투팍 아마루 2세의 처형이 있고 약 30년 뒤에 스페인의 힘이 예전 같지 않아지면서 사태가 변하게 된다. 1808년 나폴레옹이 스페인을 침공하여 정복하자 스페인 왕실은 스페인과 아메리카 식민지를 프랑스에 양도하게 된다. 그해에 나폴레옹은 스페인의 왕을 끌어내리고 그 자리에 자신의 형인 호세 보나파르트를 앉혔다. 그것은 스페인의 국력이 약해졌다는 것을 누가 봐도 알 수 있는 사건이었다.

당시 가톨릭 사제로 있던 이겔 이달고 신부는 멕시코시티에서 북서쪽으로 160킬로미터 떨어진 돌로레스라는 마을에서 기회를 엿보고 있었다. 그는 크리오요 출신이었다. 크리오요란 스페인의 혈통을 타고났지만 식민지에서 태어난 이들을 일컫는 말로써, 스페인에서 태어난 반도 인과 비교하면 대접을 못 받았고 그로 인한 불만을 품은 자들이 많았다. 게다가 이달고 신부는 식민지 주민들이 고통받는 것을 보아왔고, 개혁 지향적인 계몽주의 책들을 읽으면서 멕시코의 독립을 갈망하게 되었다.

1810년 9월 16일 일요일, 그날따라 교회의 종이 여느 때보다 더 길고 오래 울렸다. 신도들이 광장에 모이자 이달고 신부는 그날을 멕시코 독립의 날로 규정하면서 교구민들에게 스페인 식민정부를 전복시키는 운동에 동참해 달라고 뜨겁게 요청했다. 당시 연설의 정확한 내용은 기록에 남아 있지 않지만, 멕시코인들은 그의 메시지를 이렇게 기억한다.

"여러분은 자유롭기를 원합니까? 스페인에 의해 여러분의 선조들이 300년 전에 빼앗긴 땅을 되찾기를 원합니까? 그렇다면 우리는 즉시 행동해야만 합니다."

"우리의 과달루페 성모마리아 만세! 악정을 때려 부숴라! 나쁜 스페인 정권을 죽여라!"

이것이 그 유명한 '돌로레스의 외침(절규)'이다. 그는 연설에서 당시의 식민통치체제에 반기를 들고 독립을 쟁취할 것을 요청했다. 또한, 평등과 토지 재분배와 같은 문제에 대해서도 다루고 있었다. 이에 광산, 농장 등지에서 일하는 토착민과 메스티소들이 대부분이었던 신도들은 크게 호응했다. 처음 600명의 신자와 함께 시작된 봉기는 며칠 만에 10만여 명이 봉기에 동참할 만큼 인원이 늘어났다.

이달고 신부가 주도한 시위대는 처음에는 몇 개의 주들을 탈환할 만큼 승승장구했다. 하지만 독립에 대한 열정에 비해 조직적인 준비가 부족했던 데다, 상류층 크리오요들이 외면하면서 점차 기세가 꺾였다. 결국 스페인군에 진압되었고 이달고 신부는 처형당해 효수되기에 이른다.

이후 또 다른 사제인 호세 모렐로스가 투쟁을 이어갔으나 그 역시 오래지 않아 스페인군에 의해 잡혀서 처형당했다. 이러한 과정을 거치면서 시간이 흐르자 서서히 크리오요들이 혁명을 지지하기 시작했다. 1821년 크리오요 관료인 어거스틴 드 이투르비데가 이끄는 군사가 멕시코 통제권을 획득했다. 300년간의 스페인 지배 후에 마침내 멕시코는 독립을 얻었고 수년 뒤에 멕시코는 자체의 헌법을 갖춘 공화국이 되었다.

미겔 이달고 신부는 혁명에 실패했지만, 멕시코인들에겐 상징적인 존재로 남았다. 이달고 신부의 초상화는 멕시코 화폐 중 최고액권인 1,000페소짜리 지폐에 인쇄되어 있고, 그가 독립선언을 외쳤던 9월 16일은 멕시코의 독립기념일로 지정되었다. 역사적으로 그날이 독립을 획득한 날은 아니지만, 멕시코 독립의 싹이 튼 날이자 독립운동의 발단이 되어 멕시코를 독립으로 이끈 기념비적인 날로 보는 까닭이다.

스페인의 침략과 오랜 통치에도 불구하고 여전히 든든한 주식으로 자리 잡은 토르티야 그 토르티야처럼 원주민들을 비롯한 남미인들이 질긴 생명력으로 오래도록 그 땅에서 잘 살아가길 기대해본다.

제 9 장

베이글

아슈케나즈 유대인과 베이글

 구멍 뚫린 모양만 보고 도넛인 줄 알고 샀다가 기름기도 없고 단맛
도 적고 부드럽지도 않아서 고개를 갸우뚱했던 빵이 있다. 베이글이
다. 밀가루 반죽을 링 모양으로 빚은 후, 끓는 물에 데치고 구운 베이
글은 그 기원이 다소 모호하긴 하지만 16세기에서 17세기 초반 동유
럽 아슈케나즈 유대인들이 먹던 빵에서 시작되었다고 알려진다.

 아슈케나즈 유대인(아슈케나즘)은 11세기 즈음 신성로마제국에서
분산된 유대인을 일컫는 말로써, 이들은 당시 동유럽과 러시아에 널
리 분포해있었다. 동유럽 중에서도 폴란드는 역사적으로 유대인들
의 이민을 활발히 받아들여 아슈케나즈 유대인들의 수가 많았고, 공
동체의 규모가 커서 유대인 음식이 폴란드 음식에 많은 영향을 끼쳤
다. 이렇게 베이글은 폴란드에서 슬라브 식사의 주요 음식이 되었으

며 폴란드의 유대인 사회에서는 출산한 여성에게 베이글을 선물하는 관습이 있었다고 한다.

'베이글bagel'이란 명칭은 아슈케나즈 유대인들의 언어인 이디쉬어의 '베이글beygl'에서 유래했다. '베이글'은 '반지', '고리'를 뜻하는 말이다. 가운데 구멍이 뚫린 모양에 착안한 것이다.

고리 모양의 음식은 역사가 길다. 고대 그리스의 희극작가인 아리스토파네스가 기록한 문헌에 따르면, 적어도 기원전 5세기부터 고대 그리스 사람들이 밀가루와 꿀로 만든 고리 모양의 빵을 즐겨 먹었다.[25] 가운데 구멍이 뚫린 고리 모양으로 빵을 만들면 반죽을 끓이거나 튀길 때, 오븐에서 구울 때 열전도율이 높아져서 속까지 고르게 익는 효과가 있다. 게다가 베이글의 경우에는 구운 빵을 기다란 막대기에 줄줄이 꿰어서 옮길 때나 주판알처럼 막대기에 수직으로 주르륵 꿰어서 진열하는 등 독특하게 전시할 수도 있다.

유대교 율법과 코셔 식품

오늘날엔 블루베리나 건포도, 마늘, 양파, 초콜릿 칩 등과 같이 다양한 재료를 넣은 베이글을 어렵지 않게 볼 수 있다. 게다가 베이글이 미국화, 세계화되면서 버터, 우유, 치즈, 설탕, 꿀이나 맥아당, 고

---

25) 《아침 식사의 문화사》 헤더 안트 앤더슨, 니케북스, 2016

과당 시럽 등을 재료에 섞어서 식감을 부드럽게 하고 풍미를 더한 것도 많다. 하지만 원래 정통 베이글은 버터는 물론 그 흔한 우유며 달걀, 설탕조차 첨가하지 않는 것이 기본이다. 오직 밀가루에 소금, 이스트, 물이 재료의 전부다. 이는 먹고살기 힘들거나, 굉장히 금욕적인 문화에서 나온 음식이었기 때문이다.

1890년대까지만 해도 베이글은 사실 중동부 유럽에 거주하던 유대인들의 전통음식으로 유대인 사회에서 탄생한 빵이다.[26] 그런 만큼 유대인의 종교적 율법에 영향을 크게 받았다. 이슬람법상 무슬림이 먹을 수 있게 허용된 음식인 '할랄' 식품이 있는 것처럼 유대인들에게도 율법에서 허용된 식품이 있는데, 그것이 '코서'다. 유대인들은 유대교 율법에 따라 돼지고기나 조개류 등을 제한하는 코서 식품을 꽤 까다롭게 지키다 보니 그것이 빵에도 영향을 미치게 된다.

유대인의 코서 율법에는 동물의 고기와 유제품을 동시에 섭취할 수 없다. 각자 다른 시간에 먹는 것은 괜찮지만 육류와 유제품을 함께 먹거나 같은 그릇에 담지 못한다는 제한 규정이 있다. 그 때문에 식사 때 버터나 우유가 든 빵을 먹으면 고기와 곁들여 먹을 수 없게 된다. 그래서 주식으로 먹는 베이글에는 유제품을 넣지 않고 밀가루, 물, 소금, 이스트만 넣어 만드는 것이다.

그런데 이토록 유대인의 율법을 엄격히 지키던 유대인들의 빵이

---

26) 《아침 식사의 문화사》 헤더 안트 앤더슨, 니케북스, 2016

어떻게 세계로 퍼지게 되었을까? 여기에는 동유럽과 러시아의 유대인인 아슈케나짐의 역사와 관련이 있다. 폴란드를 비롯한 동유럽 유대인이 주로 먹던 베이글이 19세기 이들 유대인이 북미대륙으로 집단 이주하면서 그들이 주로 정착한 미국 동부 특히 뉴욕, 필라델피아 등지의 유대인 공동체를 기반으로 전파되었다. 이후 미국 전역과 전 세계로 널리 알려지게 된 것이다. 그런데 이들 유대인은 왜 대규모로 이주를 하게 된 것일까?

러시아의 유대인 차별 정책

유대인의 이주라면 제2차 세계대전 동안이나 그 전후, 나치의 탄압을 못 이겨 이주한 사람들을 떠올리기 쉽다. 아인슈타인처럼 말이다. 하지만 유대인들이 미국으로 이주한 것은 그것보다 역사가 오래되어 이전부터도 대규모로 이루어졌다. 특히 유대인 중 폴란드를 비롯한 동유럽과 러시아 지역에 살던 아슈케나즈 유대인들이 많았다. 그들은 서유럽이나 아프리카에 살던 스페인 및 포르투갈계 유대인들인 세파라딤과는 뿌리가 다르다.

러시아는 폴란드를 나누고 우크라이나를 확장해가는 과정에서 많은 아슈케나즈 유대인을 얻게 되었다. 그런데 러시아 정부는 유대인을 철저히 배제하고 거부하는 탄압 정책을 펼쳤다. 유대인 거주지를 중심으로 농민과 노동자가 유대인 세리, 상점주인, 고리대금업자에

대해 혐오감을 유발하려 했다.[27]

1880년대부터 러시아 정부는 유목민과 중앙아시아의 무슬림과 함께 유대인들을 이민족으로 분류했다. 1878~1882년 사이에 범슬라브주의와 포퓰리즘의 결합으로 이러한 경향은 더 심해졌다. 그러다가 1881년 황제 알렉산드르 2세의 암살사건이 일어났고, 이후 동유럽과 러시아 지역에서 유대인에 대한 차별과 박해가 특히 심해졌다. 유대인 탄압을 지나 반유대주의 학살의 기폭제가 된 알렉산드르 2세 암살사건이란 무엇일까.

알렉산드르 2세는 로마노프 왕조의 12번째 군주였다. 그는 19세기 당시 서유럽보다 발전이 늦었던 러시아제국을 개혁하고 근대화하기 위해 부단히 애썼다. 그는 1861년, 미국보다도 먼저 농노 해방령을 내려 농노제를 폐지했으며 나폴레옹 3세, 빅토리아여왕, 오토 폰 비스마르크와 같은 당대 유럽의 지도자들과 평화를 유지함으로써 유럽 지역의 안정화를 위해 노력했다. 또 근대식 의회를 설립하여 입법부와 권력을 나누는 의회제도를 시행하려 하는 등 스스로 군주의 권한을 일부 내려놓기도 했다. 알렉산드르 2세는 여타의 군주들과 비교해 온화하고 정이 많으며 시대의 흐름에도 발맞추어 제국의 근대화를 위해 애썼던 인물이다. 무엇보다 그는 한때 재능있는 유대인을 발탁해 국가근대화사업에 참여시켰을 정도로 유대인에 대한 탄압과

---

27) 《다민족, 다인종 국가의 역사인식》 박용희, 동북아역사재단, 2009

박해와는 거리가 있는 좋은 군주였다.

하지만 러시아의 인텔리겐차들은 차르가 주도하는 개혁으로는 부족하다고 생각했다. 러시아에 필요한 것은 개혁이 아니라 혁명이며 차르 체제가 전복되어야 한다고 믿었던 급진주의자 아나키스트들이 행동에 나섰다. 1881년 3월 1일 일요일 오후, 4개의 암살팀으로 나뉜 아나키스트 조직원들이 마차를 타고 궁으로 가던 알렉산드르 2세를 공격했다.

첫 번째 암살자가 마차를 향해 폭탄을 던졌으나 알렉산드르 2세는 방탄 마차를 타고 있었던 덕분에 무사했고 주위의 호위병만 죽고 다쳤다. 곧바로 현장을 떠났으면 위험을 벗어날 수도 있었으련만 정이 많은 알렉산드르 2세는 마차에서 내려 다친 호위병들을 살피며 주위를 둘러보았다. 비로 그때 두 번째 폭탄이 날아와 그에게 치명상을 입혔다. 급히 궁전으로 갔지만 도착한 지 얼마 후 알렉산드르 2세는 사망했다.

유대인의 이주에 불을 지핀 포그롬

황제가 암살되자 암살 공모자 중에 유대인이 있었다는 말이 돌기 시작했다. 그러더니 점차 유대인이 암살에 큰 역할을 했다는 소문이 퍼져나갔다. 사실은 근거 없는 소문에다 과장된 것이었다. 암살자는 유대인이 아니었고 단 한 명의 유대인이 암살자와 관련되었을 뿐이었다. 하지만 사실과 다른 잘못된 소문은 러시아 군중을 자극했다. 언론도 한몫했다. 러시아 신문도 유대인의 행동이 논란이 되었다며 소문에 불을 지폈다. 그로 인해 '포그롬'이 행해졌다.

포그롬은 유대인에 대한 탄압과 박해를 의미하는 용어로 이후 수십 년 동안 러시아 유대인들을 공포에 떨게 한다. 포그롬이란 '파괴' 또는 '학살' 또는 '아수라장에 분노를 퍼붓다', '폭력적으로 파괴하다'라는 뜻의 러시아어다. 종교적이거나 인종적, 민족적으로 소수인 사람들과 그들의 재산에 대해 군중이 당국의 묵인이나 허가를 받고 '계획적이고 조직적으로 약탈과 파괴, 학살을 가하는 공격'을 일컫는다. 이 단어는 주로 19세기 말과 20세기 초에 러시아에서 일어난 유대인을 향한 공격을 지칭하는데, 러시아 내의 유대인에게 비유대인들이 폭력을 행사하던 것을 의미한다. 포그롬은 1821년의 오데사 지역의 반유대주의 폭동에서 처음 나타났지만, 대규모의 포그롬은 1881년 알렉산드르 2세가 암살된 이후, 우크라이나와 남부 러시아를 휩쓸었다.

알렉산드르 2세가 암살되자 그의 아들이 아버지를 이어 알렉산드르 3세로서 차르의 자리에 올랐다. 그는 아버지의 죽음에 분노했고, 아버지 알렉산드르 2세의 암살에 가담한 자들을 모조리 색출해서 사형시켰다. 그리고 아버지가 시행하려고 했던 우호적이고 유화적인 모든 개혁도 원점으로 돌려놓았다. 알렉산드르 3세 치하 때부터 러시아 유대인들에 대한 박해는 점차 증가했는데 러시아 로마노프 왕조의 유대인에 대한 정책은 심각했다. 알렉산드르 2세를 죽여서 차르 체제를 전복시키려던 암살자들의 의도와는 달리 상황은 오히려 악화되었다.

알렉산드르 2세가 암살된 이후, 유대인에게 보복을 가하라는 공식 명령이 내려졌다는 소문이 자자했다. 암살이 있은 지 한 달 하고도 보름쯤 지난 4월 15일, 어느 술 취한 러시아인이 엘리자베트그라드에 있는 유대인 소유의 선술집에서 쫓겨나는 일이 발생한다. 이에 한 무리의 러시아인들은 유대인들이 러시아인을 때린다며 유대인 상점들을 공격한 뒤 유대인 거주지로 쳐들어갔다. 많은 집의 문과 창문이 파괴되고, 거리는 부서진 침대에서 나오는 털들과 망가진 가구들에 막혀 걸어 다닐 수 없을 정도의 피해가 발생했다. 하지만 그때까지만 해도 순간적인 충동에서 야기된 단순한 파괴와 약탈 행위로 여겨졌다. 그러나 비슷한 사대들이 반복해서 일어나면서 사태는 갈수록 커졌다. 키예프에서 폭력 사태가 발생했고 많은 유대인이 살해당했다.

분쟁은 인근 지역으로 확산되어 4월부터 8월까지 총 224건의 포그롬이 발생했다. 성탄절에는 바르샤바에서 포그롬이 발생했고, 이듬해 1882년 부활절과 3월 말에도, 여러 곳의 유대인들이 공격받아 사망하거나 크게 다쳤고 재산 피해 또한 상당했다.[28]

---

28) 《증오의 세기》 니얼 퍼거슨. 민음사. 2006

로스차일드 가문과 러일전쟁

러시아 정부도 1880년대 즈음부터 공권력으로 유대인을 박해했다. 그렇지 않아도 제한되어 있던 유대인의 권리를 더 줄였다. 유대인들은 토지 소유가 금지되었고 군과 관련된 직업도 가질 수 없었다. 대학은 물론 중·고등학교에 입학할 수 있는 유대인의 수와 법률가나 의사와 같은 전문직 유대인의 수도 제한되었으며, 지방의회 의원과 시의원 선출 투표에서도 투표권이 제외되었다.[29]

정부 기관이 포그롬을 조직적으로 행했다는 구체적 문건은 없지만 1881년부터 1917년에 행해진 유대인에 대한 정부의 공적인 박해 정책들이 반유태주의자들에게 그들이 유대인에게 폭력을 써도 그리 문제 될 것이 없다고 여기게 할 만했다. 폭도들은 유대인들을 때리고 죽였으며 그들의 집과 가게를 약탈하고 불태웠다. 하지만 경찰은 폭력을 제지하려 하지 않았고, 포그롬에 책임이 있는 사람들을 색출하거나 처벌하는 것 또한 마지못해서 하듯 소극적으로 대처했다. 그랬으니 포그롬은 더욱 심해졌고 1880년대의 가혹한 법과 포그롬들을 피해 유대인들은 대량으로 이민을 했다.

이후 20년 동안 포그롬은 점차 수그러들었으나 1903년에서 1906년 다시 전국적으로 자행되었다. 1903년 4월 6일 오늘날 몰도바의 수도인 키시네프에서 일어난 포그롬은 다른 때보다 더욱 잔혹했다.

---

29) 《다민족, 다인종 국가의 역사인식》 박용희, 동북아역사재단, 2009

20세기 들어 국가 권력이 주도하거나 방조했던 첫 유대인 학살로 기록되는 '키시네프 포그롬'은 근거 없는 낭설에서 시작됐다.

러시아 소년 한 명이 살해되었는데, 한 신문에서 그 살인 사건이 '유대인의 소행일지 모른다'고 보도했다. 이에 다른 신문은 한술 더 떠서 '유대인은 유월절에 먹는 누룩을 넣지 않은 빵인 마짜를 만들 때 가톨릭교도 소년의 피를 이용한다'라고 썼다.

러시아 소년 살인 사건의 용의자는 소년의 친척이 분명했지만, 그런 사실을 이성적으로 따질 상황을 넘어섰다. 소문이 소문을 낳으며 눈덩이처럼 커지는, 이른바 '~ 카더라' 통신의 폐해가 고스란히 드러났다. 그 결과 사흘 동안 폭동이 계속돼 유대인 45명이 죽고 600명가량이 다쳤다. 유대인 가옥 수백 채가 파괴되고 유대인 가정이 약탈당했다.

키시네프 포그롬 이후 그동안 침묵했던 톨스토이, 고리키 등 많은 러시아 지식인이 정부를 비난하고 나섰다. 뉴욕타임스는 '유대인들이 살육당했지만, 경찰은 아무런 제지도 하지 않았고, 거리에는 시체와 다친 사람들로 가득했다'라는 기사를 실었고 그것을 본 미국인들은 러시아 황제에게 집단 청원서를 보내기도 했다.

포그롬으로 러시아 유대인의 상황은 악화되었지만 러시아 정부는 포그롬을 저지하거나 포그롬 주동자와 가담자를 처벌하는 데 무성의했기에 이후에도 포그롬은 산발적으로 발생했다. 이에 러시아 유대인들은 폭력을 피해 다른 나라로 이주하는 경우가 많았다. 오스트

리아, 헝가리, 영국, 독일, 팔레스타인 등으로 이주했고, 특히 미국으로 이주하는 경우가 많았다.[30]

　재정 러시아의 유대인 학대로 인해 유대인들은 러시아를 철천지원수로 삼게 되었다. 로스차일드 가문은 유럽 내 반러시아 조직에 몰래 자금을 지원했다. 로스차일드 가문의 유대인 금융인 야콥시프는 러일전쟁 때 일본 국채의 절반을 사서 일본의 전쟁자금을 도왔다. 일본이 좋아서라기보다는 러시아가 미워서였다. 그랬으니 러일전쟁에서 러시아가 패배한 것은 러시아인들의 포그롬이 부메랑이 되어 돌아온 결과였다고 해도 과언이 아닐 것이다.

　1904~1905년 사이에 있었던 러일전쟁에 패배한 이후, 러시아에서는 유대인을 희생양으로 삼아 박해했다. 그 이전부터 유대인을 탄압하던 것이 러일전쟁의 패배로 인해 더 심해진 것이다. 정부로서는 전쟁 패배에 따른 국민의 실의와 울분과 불만을 다른 곳으로 돌릴 필요가 있었는데, 그 희생양으로 가장 만만했던 유대인이 선택된 것이다. 더욱이 당시에는 유대인들이 세계를 정복하려 한다는 내용의 '시온의정서'라는 가짜 문서가 만들어져 유대인에 대한 증오가 널리 퍼져 있던 때였다. 러시아는 그것을 이용해 유대인에 대한 탄압과 박해를 더욱 강하게 추진했다. 그 뒤 제정 러시아가 몰락할 때까지 포그롬은 계속되었고 러시아 비밀경찰과 군병력이 대학살을 감행했다.

---

30) 《증오의 세기》 니얼 퍼거슨, 민음사, 2006

그렇게 역사가 흘러가다 제1차 세계대전이 발발한다. 당시에는 훗날 또 다른 세계대전이 터질 거라는 것을 몰랐기에 그냥 '큰 전쟁'이라고 불렀지만 말이다. 전쟁이 터지자 유대인이 차르 정권에 충성하지 않을지도 모른다는 의구심으로 유대인에 대한 탄압이 심해졌다. 러시아의 지정 거주지 안에 살던 유대인 중 약 100명이 간첩 행위를 했다는 이유로 러시아군에 의해 즉결 처형을 당했다. 또한, 체계적인 약탈 정책도 실행되었다. 1914년 10월 14일, 그로진(바르샤바 지방)에서는 유대인 4,000여 명이 고향에서 맨손으로 쫓겨났다. 군 참모가 "유대인들로부터 모든 것을 뺏어라"라는 명령을 내렸기 때문이었다. 이듬해에도 많은 유대인 마을들이 공격을 받고 파괴되었다.[31]

아메리카에는 차르가 없다

동유럽과 러시아 지역에서 야만적인 박해에 직면하자 희생되고 남은 유대인들은 안전한 곳을 찾아 탈출했다. 1880년에서 1920년 사이에, 200만 명의 유대인들이 박해와 위험을 피해 러시아를 떠나 서유럽이나 미국을 향해 뿔뿔이 흩어졌다.

제정 러시아 차르 니콜라이 2세는 1905년 러시아 내 모든 유대인에 대한 강제 퇴거 명령을 지시하기에 이른다. 그 결과 러시아에 거

---

31) 《증오의 세기》 니얼 퍼거슨. 민음사. 2006

주하던 유대인이 대거 러시아를 떠나 미국으로 향했다. 기록에는 간략하게만 남아 있을 뿐이지만 그 한 사람 한 사람 모두가 많은 애환과 사연을 담고 있었을 것이다.[32]

미국에 정착한 유대인 이민자들은 러시아에 남은 이들에게 소식을 전했다. '아메리카에는 차르가 없다'라고. 말과 풍습이 낯선 이국에서 고난을 겪고, 유대인에 대한 편견 역시 여전히 맞닥뜨리곤 하는 문제였지만, 적어도 포그롬과 공적인 박해로부터는 안전하다는 의미였을 것이다.

2020년에 개봉한 〈아메리칸 피클〉이란 코미디 영화 전반부에 러시아 유대인인 주인공의 결혼식장에 갑자기 코사크 집단이 쳐들어오는 장면이 나온다. 코사크는 15세기 말부터 20세기 초까지 우크라이나와 러시아 남부에서 활동했었던 군사 집단을 일컫는다. 이에 주인공은 아내와 함께 배를 타고 미국으로 향한다. 마치 뮤지컬 영화 〈지붕 위의 바이올린〉의 주인공 테비에와 아내의 뒷이야기를 볼 수 있을 것만 같은 흥미로운 전개였다. 이후 오이피클 통에 빠져서 100년간 보존되었다가 어느 날 갑자기 깨어나는 황당무계한 이야기가 펼쳐지는 탓에 기대감에 찬물이 끼얹어지지만, 적어도 차별과 박해를 피해 미국으로 이주한 유대인들이 먹고살기 위해 소자본으로 장사를

---

32) 《A PEOPLE'S HISTORY OF THE WORLD》 Howard Zinn, Harper Perennial Modern Classics, 2015

시작했던 당시의 분위기는 충분히 공감할 수 있었다.

미국을 장악한 유대인

미국 총인구 3억 3,000만 명 중 유대인은 약 2.2퍼센트에 해당하는 750만 명 정도로 추산한다. 하지만 그들은 각계각층의 최고 상층부를 구성하고 있으며 국제사회에 영향력을 발휘하고 있어서 미국 내에서 유대인들의 힘은 막강하다.

미국으로 이주한 유대인들은 미국 동부 특히 뉴욕에 많이 정착했다. 뉴욕 인구 850만 명 중 약 12퍼센트가 유대인이거나 유대계로서 뉴욕에 유대인 인구밀도가 특히 높은 이유다. 뉴욕시는 대규모 유대인 공동체를 이루고 있으니, 뉴욕의 유대인 인구는 이스라엘 텔아비브의 유대인 수보다 많다. 그중에서도 세계 금융의 중심지인 맨해튼 인구 150만 명 중 약 31만 명이 유대인으로, 인구의 20.5퍼센트에 이른다.

뉴욕을 중심으로 동부에 정착한 유대인들은 세계 각국의 유대인 커뮤니티를 파트너로 삼아 대규모 무역업을 하며 많은 자본을 축적했다. 그 과정에서 유대계 금융 강자였던 로스차일드 가문은 물론 이 가문과 협력 관계인 JP모건이 세계적인 금융 기업으로 성장했다. JP모건은 다시 철강왕 카네기, 석유왕 록펠러, 철도산업의 해리먼에게 자금을 대주었다. 이를 보면 미국의 주요 산업들은 결국 유대인 자본의 지원을 받아 성장한 것이 된다.

　미국의 역대 재무부 장관도 모두 유대인이었으며, 유대계 은행들과 유대계 대주주들로 인해 미국의 재계는 유대인의 그늘을 벗어나지 못하는 실정이다. 그뿐만 아니라 애플의 스티브 잡스, 페이스북의 마크 저커버그, 테슬라 창업자인 일론 머스크, 구글 창업자 래리 페이지도 유대인이며 헨리 키신저 전 국무장관 역시 유대인이다. 이처럼 유대인들은 높은 교육열과 타고난 비즈니스 마인드로 점차 미국의 정계와 재계, 언론, IT업계 등의 고위급 상류층으로서 미국뿐 아니라 전 세계를 주름잡으며 강한 목소리를 내게 되었다.

뉴욕의 상징이 된 베이글

　베이글이 유대인 사회에서 비롯된 빵이다 보니 유대인이 많이 사는 뉴욕의 길 어디서든 베이글을 파는 가게를 쉽게 찾을 수 있다. 베이글은 이제 미국 뉴욕의 상징이 되었다.

　미국에선 베이글을 가로로 반 잘라서 그 표면에 크림치즈를 바른 것을 '쉬미어'라는 별도의 명칭으로 부르는데, 쉬미어에 아메리카노 커피를 곁들여 아침 식사를 하는 사람들이 늘어날 만큼 뉴욕의 아침 풍경을 바꿔놓았다. 이 전형적인 식단 외에도 뉴욕커들은 여유롭게 브런치로 즐길 때는 쉬미어에 염장한 연어인 럭스, 케이퍼, 양파, 토마토 등을 첨가한 베이글 브런츠를 즐긴다. 베이글 브런츠는 1900년

무렵 뉴욕에서 유명해졌는데, 현재까지도 인기 있는 먹거리다.

베이글에 연어를 곁들여 먹는 것도 코셔 푸드의 영향이다. 베이글에 유제품인 크림치즈를 바르면 식사 때 고기를 동시에 곁들여 먹을 수 없으므로 고기가 아닌 생선을 곁들여 먹는 데서 유래한 것이다. 생선 중에서도 가장 기본적인 형태는 훈제 없이 소금에 절이기만 한 럭스 연어다. 하지만 오늘날 베이글 전문점에선 다양한 염장 연어뿐 아니라 훈제연어도 판매하고 있으며, 연어 외에도 청어 샐러드나 흰 살생선을 다져 넣은 샐러드도 고를 수 있다. 생선에다 양파, 토마토, 딜, 케이퍼, 오이 등의 채소를 사용한 조합이다.

영화 〈아메리칸 피클〉에서는 미국에 이주한 러시아인이 오이피클을 만들어 파는 것으로 설정되었다. 하지만 뭔들 못 팔았겠는가. 19세기 러시아에서 미국으로 대거 이주한 유대인들은 먹고살기 위해 팔 수 있는 건 뭐든 팔았다. 러시아에서도 핍박받으며 근근이 살았던 그들이 도망치듯 이민을 왔으니 수중에 돈이 넉넉할 리 없었고, 그런 이유로 적은 돈으로 할 수 있는 소소한 사업을 시작하게 되는데, 그중 하나가 베이글 사업이었다.

1900년대 초 뉴욕을 중심으로 정착한 유대인 이민자들이 생계를 잇기 위해 자신들이 일상적으로 먹었던 베이글을 만들어 팔았다. 뉴욕에는 아직도 당시에 유명했던 베이글 가게들이 남아 있다. 유대인의 전통음식이었던 베이글은 뉴욕에 와서 미국으로 퍼져나갔고, 1958년 베이글 기계가 등장하여 자동화되면서 북미 전체에서 소비

되기에 이른다. 이제 베이글은 유대인의 빵을 넘어 세계 어디서나 맛볼 수 있는 빵이 되었다. 유대인의 영향력이 세계적으로 미치고 있는 것과 유사하다.

유대인 후손 중에는 미국뿐 아니라 세계를 쥐락펴락하는 인물들이 다수인데, 그들은 여전히 베이글을 즐겨 먹는다. 투자의 귀재로 불리는 워런 버핏은 오마하의 한 단골 베이글 카페를 자주 찾고, 마이크로소프트 창업자인 빌 게이츠도 아침 식사로 베이글을 즐긴다. 두 사람 모두 유대계 후손들이다. 세계 억만장자의 40퍼센트 정도가 유대계인 점을 미뤄보면 부호들에게 가장 친근한 음식이 베이글이라고 볼 수도 있다. 포그롬을 피해 도망쳐 나온 아슈케나즈 유대인들이 미국에서 생존을 위해 만들어 팔던 베이글이 이제는 부호들의 식탁 위에도 오르게 된 것이다.

1999년 12월 미국 〈월스트리트 저널〉은 새로운 한 세기를 맞이하는 특집 기사에서 지난 1,000년 동안의 10대 발명품 중 하나로 베이글을 뽑았다. 함께 선정된 발명품에는 복제 양 돌리와 나침반 등이 있었다. 베이글은 나침반과 복제 양 돌리만큼 획기적인 발명품으로 꼽힌 것이다.

1,000년 동안 10대 발명품에 베이글이 선정되었다는 것이 왠지 억지스럽긴 하지만, 〈월스트리트 저널〉이 미국 뉴욕 월가를 중심으로 하는 경제전문지라는 점을 감안하면 조금 귀여운 억지로 넘어가 줄 수도 있을 것 같다. 월가를 장악하고 있는 사람들이 유대인이니 말이다.

이런 기사가 나올 정도니 유대인들의 베이글에 대한 사랑과 자부심이 얼마나 대단한지 짐작이 된다. 베이글은 미국이란 사회에 빠르게 적응하고 새로운 문화를 만들 만큼 유대인들이 정착했다는 증표와 같다. 혹독한 고난의 시대를 뚫고 현재의 내로라하는 위치에 오른 유대인들에게 그들의 역사와 일상을 함께 한 소중한 음식이란 뜻이 크다.

제 10 장

흑빵

농부의 빵, 초르니 흘렙

러시아에는 '초르니 흘렙Chorny hleb'이란 빵이 있다. 보드카와 더불어 러시아의 대표 음식으로 꼽힌다. 초르니는 러시아어로 '검다black'는 뜻이다. '검은 빵'이라니! 이름부터 참 단순하고 소박하다.

그런데 검은 빵이라고 해서 정말 새까만 색의 빵을 떠올리면 오산이다. 정말 새까만 빵은 '오징어 먹물 빵'이고, 러시아의 흑빵인 초르니 흘렙은 사실 갈색이나 흙빛에 가깝다. 밀로 만든 흰빵과 비교했을 때 검은빛을 띤다는 의미이지 정말 새까맣다는 뜻은 아니다. 빵이 검은빛을 띠는 이유는 밀이 아닌 호밀을 비롯한 잡곡으로 만들기 때문이다. 호밀은 밀에 비해 값이 싸서 서민들의 좋은 먹거리가 되었다.

중세 유럽에서도 농민들은 가을걷이가 끝난 뒤 밀을 비롯한 곡식 대부분은 영주나 교회에 바치고 자신들은 호밀 같은 잡곡들을 따로 재배해 먹었다. 호밀은 밀처럼 부드럽지는 않지만, 생산량이 많아서 끼니를 때우기에 요긴했다. 그래서 호밀로 만든 검은 빵은 '농부의 빵'이라고도 불리며 가난한 사람들의 요긴한 먹거리가 되었다.[33]

특히 러시아의 경우에는 국토 대부분이 얼어붙은 땅이라 곡식을 경작하기가 쉽지 않았던 터라 밀이 귀했다. 그래서 러시아인들은 옛날부터 빵을 만들 때 밀이 아닌 호밀을 주로 썼다. 물론, 오늘날에는 시베리아 남부를 가로지르는 흑토 지대에서 여러 가지 곡물이 경작되고, 그중에서도 밀 생산이 많아서 세계적인 밀 생산국가가 되었지만, 그것은 품종개량이 있고 난 이후의 일이다. 그전까지는 남쪽의 우크라이나 정도를 제외하면 러시아에서 밀을 재배할 수 없었기 때문에 러시아 서민들은 밀보다는 주로 호밀로 만든 죽이나 빵을 먹었다.

'빵과 물은 농민들의 식사'라는 말이 있을 만큼, 러시아인들은 흑빵을 주식으로 먹었다. 흰빵은 너무 비싸서 중요한 행사 때나 먹는 음식이었다. 도수 높은 보드카를 마실 때도 안줏거리 삼아 흑빵을 먹을 정도로 흑빵은 러시아인의 삶에서 중요했다.

흑빵은 15세기에 흉년이 들었을 때 러시아인들이 보리, 콩, 옥수수, 귀리 등에 이스트를 넣어 만든 데서 시작되었다. 밀이 아닌 다른 곡물들이 이것저것 들어가다 보니 맛이 부드럽거나 촉촉하지 않고 거칠고 딱딱하다. 그래서인지 러시아 군인들이 전쟁터에서 방석이

---

33) 《잘 먹고 잘 사는 식량 이야기》 장수하늘소, 아이세움, 2010

나 베개 대용으로 사용했다는 말도 있다.

러시아의 흑빵은 유럽의 검은 빵보다 더 찰지고 신맛이 나며, 호밀로만 만든 것, 곡식을 섞은 것, 딱딱한 것, 부드러운 것 등 여러 종류가 있다. 묵직한 무게감이 있으며, 최근에는 대개 호밀을 원료로 하여 만들고 사워크림을 곁들여 먹는다.

맥주와 수프에 담가 먹는 흑빵

러시아에서 빵은 단순한 음식 이상의 의미가 있다. 집에 손님을 초대하면 식탁 위에 흑빵과 소금이 담긴 그릇을 미리 올려놓는다. 손님을 환영하여 대접한다는 마음의 표현이다. 제2차 대전 때 소련인들은 같은 연합군이었던 영국 군인을 맞이할 때도 그들에게 흑빵과 소금을 건넸다. 북한의 김정일과 김정은이 각각 러시아를 방문했을 때의 영상기록에도 러시아 전통 복장을 입은 여인들이 커다란 쟁반에 빵과 소금을 받쳐 들고 공항에서 환영하는 모습이 보인다. 또한, 결혼식에서 신랑 신부의 첫 출발을 축복할 때, 가족의 건강을 기원할 때도 빵을 사용했다.

어렸을 때 러시아 빵이 궁금했던 적이 있다. 러시아의 대표적 문호인 톨스토이의 소설에 빵이 자주 등장해서다. 《사람은 무엇으로 사는가》나 《사랑이 있는 곳에 신이 있다》 같은 단편소설에서 보면 손님을 집안으로 데려와 맥주와 함께 혹은 난로 위에 놓인 수프와 함께 빵을 대접하는 장면이 나온다. 그런데 특이하게도 빵을 잘게 잘라서 혹은 잘게 부수어서 대접하고, 포크가 아닌 숟가락을 주었다는 글이 나온다. 그 글을 보고 '번역이 잘못된 게 아닐까?'라는 의문이 들 정도로 의아했던 기억이 있다. 그때까지 나에게 빵이란 이미지는 하얗고 보들보들한 것이어서다. 그러니 당연히 빵을 맥주나 수프에 넣어 먹는 모습이 생소했던 것이다. 하지만 러시아 흑빵을 알고 나서는 그런 의문이 풀렸다.

투박하게 생긴 러시아 흑빵은 겉껍질도 매우 딱딱하고 안도 밀을 사용해 만든 빵에 비해 식감이 거친 편이다. 밀경작에 좋지 않은 러시아 기후상 보리나 호밀을 비롯해 잡곡을 사용해 만든 까닭이다. 앞에서 말했듯이 베개나 방석으로 삼아도 될 정도로 겉이 단단하고 딱딱하다 보니 보관도 꽤 오래되고 저장도 쉬웠다. 하지만 한 가지 문제가 있다. 빵을 자르려 하다 보면 칼이 안 들어갈 정도로 딱딱하여 이가 약한 어르신이나 아이들은 먹기가 쉽지 않다. 그래서 러시아 가정에서는 어느 집에나 있는 러시아식 난로 사모바르에서 따끈하게 데워진 수프나 차와 함께 흑빵을 먹는다. 러시아는 지정학적으로 위도가 높아서 추운 날씨가 오래 계속되다 보니 난로와 그 위에 뭉근히 끓이는 수프가 일상이다. 추운 날 뜨거운 수프에 흑빵을 부수어 넣어 먹으면 속이 확 풀리는 든든한 한 끼가 된다.

가족을 모이게 하는 난로 사모바르

러시아 가정이라면 반드시 있었던 사모바르 이야기를 잠깐 해보자. 사모바르는 난로 겸 물을 끓이는 역할을 하는 가정용품이다. 오늘날에야 전기 포트며 전기히터가 그 자리를 대신하게 되었지만, 그 전까지만 해도 사모바르는 러시아인들에게 생활 필수품이었다.

구리로 몸통을 만들고 그 내부에 화로와 연통을 배치하여, 화로를 둘러싼 부분에 물을 넣어 끓이는 원리다. 크기 차이는 있지만 옛날 우리나라에서 사용하던 신선로 같은 원리라고 생각하면 되겠다. 내부의 화로에 숯이나 석탄. 장작이나 솔방울 등을 넣어 물을 데우거나 끓이는 원리다. 추운 나라인 만큼 거의 모든 가정에 비치하고 있었을 만큼 실생활에서 반드시 필요한 도구였다.

일단 사모바르는 추운 러시아에서 가정에 온기를 불어넣는 난로의 역할이 크다. 난로에 주전자를 올려 놓으면 집안의 습도를 조절하는 데도 유용하다. 게다가 실용성 위주의 단순한 난로 모양이 아니라 나름 화려한 모양에 알록달록하게 입힌 채색으로 집안 장식품 효과도 있다. 그 주위에 둘러앉아 담소를 나누기에 좋아서 사교적인 역할도 컸다.

사모바르는 원래는 차를 마시기 위해 물을 끓이는 도구로 시작되었지만, 러시아인들에게 그 이상의 존재가 되었다. 길고 혹독한 겨울 동안 러시아인들은 가족, 혹은 이웃들과 함께 사모바르 주위에 둘러앉아 차를 마시고 식사를 하고, 서로 담소를 나누고 정보를 교환하곤 했다. 그 결과 과거 18~20세기 초반까지 사모바르는 러시아 가정의 아늑함을 상징하는 도구였다.

도스토옙스키의 《가난한 사람들》이란 소설에도 현실에 힘들어하는 주인공이 고향 집을 그리워하며, '아늑한 방에서 식구들과 사모바르를 둘러싸고 앉아 있으면 얼마나 따뜻하고 편하고 기분이 좋을까'라며 회상하는 장면이 나온다. 옛날 우리네 시골 방안에서 겨울이면 난로 가에 둘러앉아 군밤이며 고구마를 구워 먹으며 도란도란 얘기를 나누던 그런 그림처럼 러시아 가정의 중심에는 사모바르가 놓여 있었다.

게다가 사모바르는 냄비나 솥을 올려 간단한 죽이나 수프도 끓일 수 있어서 가난한 서민들에게 요긴했다. 적은 양의 곡물에 물을 부어 양을 늘릴 수 있어서 가난한 서민들은 밀기울, 귀리, 쌀, 메밀, 밀, 보리 등으로 죽을 끓이기도 하고, 감자나 비트, 양배추 등 구할 수 있는 각종 야채를 넣고 수프를 끓이기도 했다. 사모바르의 열기로 뭉근히 끓이다가 누군가 밖에서 추위에 떨다 들어오면 죽이나 수프 한 그릇과 흑빵을 식탁에 올린다. 그러면 뜨끈한 국물에 빵을 대충 뜯어 넣고 추위와 배고픔을 동시에 해결하는 것이다.

흑빵은 그렇게 추운 날, 따뜻한 난로 옆에서 뜨끈한 수프와 함께 먹어야 제맛이다. 우리가 하얗고 보드라운 우유 식빵을 먹듯이, 흑빵에다 잼이나 버터를 발라 먹으면서 맛이 있느니 없느니, 시큼한 향이 나느니 안 나느니, 껍질이 딱딱하네 식감이 퍽퍽하네 같은 평을 하는 것은 흑빵을 제대로 즐기는 방법이 아니다. 덜 추울 때는, 흑빵을 꿀과 허브, 말린 딸기나 과일을 섞어 만든 달콤한 러시아 전통 음료인 '크바스'와 함께 먹거나, '케피르'라고 하는 러시아 요구르트와 함께 먹기도 한다. 인도에서 난과 라씨를 함께 먹는 것처럼 말이다.

러시아 국민 음료 크바스

러시아의 전통 음료로 '크바스'도 인기다. 러시아의 수돗물은 석회수 성분이 많아서 집마다 필터형 정수기로 물을 거른 후 끓여 마시곤 한다. 요즘에는 판매용 생수를 이용하거나 콜라와 같은 공장에서 생산된 청량음료가 널렸지만, 예전에 러시아인들이 거리에서 목이 마를 때면 크바스를 주로 찾았다.

크바스란 '누룩', '효모', '이스트' 쯤의 뜻을 가진 말이다. 흔히 러시아의 전통 맥주로 언급되는 크바스는 호밀과 보리를 발효시켜 만들기 때문에 언뜻 보기에도 흑맥주와 닮아있다. 하지만 러시아인들에게 크바스는 술이 아닌 음료라는 인식이 강하다. 물론 전통적인 크바스는 알코올이 섞여 있었지만, 0.7~2.2퍼센트 정도로 도수가 낮고, 요즘엔 아예 알코올 성분이 없는 것도 판매하고 있어서 음료 마시듯 마신다.

전에는 집에서 직접 만든 홈메이드가 많았지만, 요즘에는 공장에서 생산하는 판매용 제품을 주로 이용한다. 이 전통 음료를 만드는 데도 흑빵이 들어간다. 마른 호밀빵이나 보리에 이스트와 설탕을 첨가해 발효시켜 만든다. 여기에 개인의 취향에 따라 사과나 나무딸기, 건포도, 민트, 향료 또는 사탕수수에서 채취한 당즙 같은 것을 첨가해서 맛을 낸다.

크바스는 비타민B가 풍부한 맥아에다 과일이 첨가되어 긴 겨울 동안 러시아인들에게 비타민을 공급하여 괴혈병 예방에 도움이 되는 음료였다. 16세기에는 콜레라 예방식품으로 사용되었었고 더불어 병자나 건강한 사람에게 전염병 예방식품으로 알려지기도 했다. 여름이면 러시아 거의 모든 거리마다 물탱크 같은 저장 통을 갖춘 크바스 가판대를 볼 수 있다.

표트르 대제의 유럽 침공을 막은 흑빵

러시아의 표트르 1세는 서구화 개혁 정책을 통해 러시아의 근대화를 이끌었고, 지속적인 대외 확장정책으로 제국을 건설한 대제로 러시아 역사에서 기억되고 있다.

그는 선진 문물을 직접 체험하기 위해 250명의 사절단과 함께 1697년 3월 유럽으로 떠났다가 15개월간 해외에 체류한 후 귀환했다. 이후 표트르 1세의 개혁 정책이 본격적으로 시작되었다. 그는 통치 체제에서부터 교육, 언론, 출판, 예술은 물론 독일식 의복을 입고 수염을 자르고, 율리우스력으로 달력을 바꾸는 등의 일상생활에 이르기까지 다양하고 폭넓은 개혁을 시행했다. 그의 궁극적인 목표는 서구식 근대화를 통한 강력한 국가 건설이었다.

특히 군사력 강화에 역점을 두었던 표트르 1세는 함대를 창설했고, 서구를 모델로 군의 편제와 훈련 방식을 개편했다. 군제 개혁은 무엇보다도 전쟁 수행을 위해 필요했기 때문이었다. 더불어 군수물자의 조달을 위해 산업과 무역 발전 정책들이 시행되었다.

표트르 1세는 과감한 정책들과 개혁들, 그것들을 실행에 옮긴 추진력으로 높은 평가를 받았다. 그런데 그 와중에 그의 대외 확장정책을 막은 존재가 있었다. 그것은 바로 러시아 흑빵이었다. 어찌 된 일일까?

1722년 러시아에 맥각 중독이 발생한다. 이 병은 썩어가는 호밀 낟알에서 번식하는 진균류에 의해서 발병하는 것으로, 진균류에 감염된 호밀로 만들어진 흑빵을 먹으면 신경계에 감염되어 격렬한 경련과 환각 및 격심한 통증이 일어나 죽게 되는 병이다. 1722년에는 약 2만 명의 러시아인들이 맥각 중독으로 죽었는데, 그중에는 표트르 대제의 군사들도 다수 포함되어 있었다. 그 때문에 표트르 대제는 서방 세계 침공 계획을 포기할 수밖에 없었다. 이후 3년이 채 안 된 1725년 1월 28일 표트르 1세는 후계자를 지명하지 못한 채 겨울 궁전(에르미타지)에서 숨을 거둔다.[34]

표트르 1세 만년에 서방 세계 침공을 막았던 흑빵은 종종 그 이후의 현대 역사기록물이나 역사 영화에 등장하곤 한다. 〈레닌그라드〉라

---

34) 《러시아 왕조》 황성우, 김용환, 인문과 교양, 2019

는 역사기록물에도 목침처럼 투박하게 생긴 흑빵을 배급하는 사람들의 모습이 나온다. 〈스탈린그라드〉라는 영화에서도 군인이 겁에 질려있는 어린아이에게 흑빵 한 조각을 건네는 장면이 나온다.

러시아에서는 매년 5월 9일을 종전의 날로 기념한다. 제2차 세계대전이 끝난 날을 기념하는 것이다. 연합군 승전의 날인 5월 9일이 러시아에서도 기념일이다. 제2차 세계대전 이후 소련이 곧바로 미국과 틀어지면서 냉전시대로 돌입하게 되었기 때문에 미국과 러시아가 같은 배를 탔던 아군이었다는 사실이 아이러니하게 느껴질 수도 있지만, 사실 제2차 세계대전의 처음과 끝에 러시아는 큰 역할을 했다.

욕심과 필요로 맺어진 히틀러와 스탈린

독일의 아돌프 히틀러와 소련의 이오시프 스탈린은 1939년 8월 23일 모스크바에서 '독·소 불가침조약'을 체결한다. 상대방이 각자 어떤 전투를 할 때 서로를 침략하지 않을 것과 폴란드와 동유럽의 발트 3국을 나누는 데도 합의했다. 히틀러가 스탈린과 상호불가침조약을 맺었다고 천명하자 세상은 경악했다.

히틀러와 스탈린이라니, 무소불위의 권력을 가진 독재자인 걸 빼면 둘을 묶을만한 교집합은 없었다. 히틀러는 공산주의를 두려워했고, 스탈린은 파시즘을 두려워했다. 독소조약은 공식적으로는 히틀러와 스탈린을 평화로운 관계로 묶는 척했지만, 속내는 달랐다.

히틀러는 소련의 간섭과 개입 없이 폴란드를 차지하고 싶었다. 폴란드를 침공하면 서구 민주주의 국가들과 싸우게 될 게 불을 보듯 뻔한데 그 와중에 소련과 동시에 싸우기에는 부담이 컸다. 그래서 그 부담을 덜기 위해 술수를 쓴 것이다.

스탈린은 스탈린대로 나치의 위협에 맞서 서구 민주주의 국가들 사이에서 동맹국들을 찾고 있었지만, 스탈린의 속셈을 의심한 나라들로 인해 쉽게 찾아지지 않았다. 이에 스탈린은 히틀러와 합류하면서 소련의 방어를 튼튼히 할 시간을 벌고, 또한 중요한 영토들을 얻을 기회로 삼고자 기대했다. 그러니까 이 조약은 상호 우호적 관계나 존경에서 비롯된 것이 아니라 철저히 양쪽의 욕심과 필요로 맺어진 것이었다.

아니나 다를까 히틀러의 속내는 금방 드러났다. 1939년 9월 1일, 독소조약이 맺어진 지 불과 1주일 뒤에 독일 군대는 폴란드를 침략한다. 제2차 세계대전의 발발로 보는 날이다. 이틀 뒤 영국과 프랑스가 독일에 대한 전쟁을 선포한다.

제2차 세계대전 때 프랑스를 정복한 독일은 영국 정복까지 기도했다. 그러나 막강한 영국 해군이 버티고 있는 영국해협을 건널 수 없었으므로 공격은 주로 공군이 했다. 독일의 공격은 1940년 8월 12일부터 9월 30일에 집중적으로 행해졌는데, 당시 비행기를 타면 한 번의 주유로는 영국에 가서 한차례 공습을 퍼붓고 바로 돌아올 수밖에 없어서 비효율적이었던 데다 기름을 공급하는 것도 쉬운 일이 아니었다. 게다가 바로 이 시기에 영국에서 레이더가 개발되어 독일 공군의 타격이 컸다. 이에 독일은 영국 침공을 포기할 수밖에 없었다.

1941년 4월 유고슬라비아와 그리스를 점령한 독일군은 여세를 몰아 마침내 소련 공격에 나선다. 1941년 6월 22일 시작된 바르바로사 작전이었다. 1939년에 맺은 '독소 상호불가침 조약'이 2년을 못 채우고 파기되는 동시에 '독·소 전쟁'이 발발한 것이었다. 이로 인해 독일, 이탈리아, 일본 등 추축국樞軸國 동맹군에 대항하는 미국, 영국, 프랑스의 연합군이 소련을 지원하게 되었다.

독일군은 탱크 3,550대, 비행기 5,000대라는 엄청난 수의 무기와 140개 사단, 총 350만 명의 대병력을 동원하여 소련에 대한 전면 공격을 개시했다. 북부의 레닌그라드와 모스크바, 그리고 남부의 우크라이나 곡창 지역을 포함한 카스피해 유전 지역 장악이 그 목표였다.

레닌그라드 시민의 결기에 굴복한 히틀러

히틀러는 욕심이 많았다. 서로 침략하지 않기로 조약을 맺어놓고도 소련을 가차 없이 공격한 것 역시 히틀러의 욕심에서 비롯되었다. 그는 소련을 침공할 때 다음과 같은 말로 소련 침공의 동기를 피력했다.

"만약 내가 우랄산맥에 저장된 헤아릴 수 없을 만큼 많은 지하자원과

광대한 숲이 있는 시베리아, 엄청난 밀밭이 있는 우크라이나를 차지
하게 된다면, 국가사회주의 지도하의 독일은 풍족함 속에 헤엄칠 것
이다."

히틀러의 욕심으로 인해 소련은 끔찍한 고난의 시기를 맞는다. 사
실 소련 정복이야말로 히틀러 생각에는 동쪽으로 우랄산맥에 이르는
대 제국으로 독일 제3 제국을 건설하는 데 필요한 일이었다. 또한,
소련을 정복함으로써 양면 전쟁의 부담을 없애려는 목적도 있었다.
　모스크바 북서쪽으로 715킬로미터 떨어진 곳에 혁명가 레닌의 이
름을 딴 도시, 레닌그라드가 있었다. 1991년부터 러시아의 옛날 이
름으로 변경해서 지금은 '상트페테르부르크'라고 불린다. 명칭에서
도 느껴지듯이 이 도시는 제정 러시아 때인 1703년 표트르 대제에
의해 만들어진 이래 200년간 로마노프 왕조의 수도가 되면서, 정치·
경제·문화·예술의 중심 도시로 발전하게 되었다. 서구식 발전 모델
을 적극적으로 수용했던 표트르 대제 덕에 시인 푸쉬킨은 이곳을 '유
럽으로 열린 창'이라고 표현하기도 했을 만큼 유럽의 건축 양식이나
문화와 사상을 받아들인 도시다. 1941년 9월, 이곳이 독일군에 의해
포위되기 시작했다.
　당시엔 레닌그라드라고 불렸기에 이 사건을 '레닌그라드 포위'라고
부른다. 공산주의였던 소련은 1928년 제1차 5개년 계획이 시작되면
서 공장노동자들의 식량 공급을 위해 빵 공장을 세우고, 그곳에서 대

량생산된 빵을 배급하고 있었다. 그런데 레닌그라드가 포위되자 음식은 곧 하루에 두 덩이의 흑빵이 주어지는 배급제로 변했다.

당시의 기록영상을 보면 커다란 직육면체의 목침같이 생긴 거무튀튀한 물체들을 나눠주는 모습을 볼 수 있다. 그것이 흑빵이다. 그러나 빵 배급도 포위 기간이 2년 반이나 계속되면서 원활하지 않게 된다. 생존을 위해 필사적이어야 했던 레닌그라드 시민들은 거의 모든 것을 먹었다. 벽지를 뜯어내어 끓여 먹기도 했다. 벽지를 바를 때 쓰는 풀에 감자전분이 포함돼 있다는 말이 있어서였다. 가죽가방을 가진 사람들은 그것을 오래오래 끓여서 '젤리가 된 고기'라고 부르며 먹었다. 독일군의 포위 기간, 혹독한 추위와 기아로 인해 100만 명이 넘는 레닌그라드 시민들이 죽었다. 그런데도 생존자들은 적군에게 굴복하기를 거부했다. 그늘의 도시를 수호하기 위해 투쟁했다.

작곡가 쇼스타코비치는 당시 〈레닌그라드〉라는 작품을 작곡했는데, 우울하거나 비탄에 잠긴 선율이 아니다. 의외로 광기인지 결기인지 배짱인지 모를 힘이 느껴지는 곡이다. 쇼스타코비치는 자신이 느낀 전쟁의 느낌을 그대로 선율로 옮겼다는 말과 함께, 레닌그라드인들을 기억해달라는 소감을 밝히기도 했다.

레닌그라드는 역사적으로 많은 동란과 혁명으로 굴절을 겪은 도시였다. 20세기에 들어 1905년 '피의 일요일' 사건으로 시작되는 러시아 제1혁명과 1917년의 '2월혁명', '10월 혁명'이 일어난 곳이며, 세계 최초의 공산주의 혁명이 성공을 거둔 곳이기도 했다. 거기다 '레닝그라드 포위'까지 겪었으니 박복하고 기구하기 이를 데 없는 곳이다. 그런데 오히려 그래서였을까? 산전수전 다 겪은 레닌그라드 시민들은 완강했다. 그 고집과 뚝심은 상상을 초월했다.

모스크바처럼 레닌그라드 시민들 역시 목숨을 걸고 버티는 동안, 독일군은 점차 초조해져 갔다. 독일군은 소련 깊숙이 들어갈수록 보급선이 멀어져서 보급이 원활하지 않았다. 게다가 한여름 7월에 시작한 전쟁이 길어지면서 어느덧 겨울이 다가오고 있었다. 옛날 나폴레옹도 나가떨어지게 한 동장군冬將軍이 다가오고 있었다. 일찌감치 전쟁을 끝낼 수 있으리라 예상했던 독일군에게는 당혹스럽기 짝이 없는 일이었다. 제대로 된 겨울옷이나 전쟁 물자도 없는 상태에서 독일군은 러시아의 혹한에 맞닥뜨리게 된다.

독일군의 불패 신화가 깨진 스탈린그라드 전투

1942년 11월 이후 스탈린그라드 전투는 역사적인 전쟁 중에서도 가장 희생이 컸던 전투 중 하나로 꼽힌다. 오늘날에는 '볼고그라드'라고 불리는 당시의 스탈린그라드는 돈강이 카스피해로 흘러 들어가는 중간에 자리 잡고 있어서 흑해와 카스피해 사이의 유전 지역을 장악하기 위해 전략적으로 필요한 곳이었다.

레닌이 죽고 난 후 스탈린이 공산당 서기장에 올랐고 이듬해인 1925년, '차리친'이라 불리던 그 도시는 스탈린그라드로 개명되었다.

살아있는 사람의 이름을 따서 도시명을 바꾸었다는 데서 당시 스탈린이 행했던 독재의 수위가 어느 정도였을지 짐작할 수 있다. 그런데 그곳이 히틀러의 눈에 띈다. 캅카스 지역의 유전지대를 연결하는 주요 석유 공급로였기에 전략적 요충지로 확보하고 싶었던 거다. 이에 히틀러는 스탈린의 이름이 붙여진 그 도시를 차지하리라 마음먹는다. 반면, 스탈린은 스탈린대로 자신의 이름이 붙은 그 도시를 절대 뺏기려 하지 않았다. 이에 희대의 독재자요, 악한이요, 냉혈한인 두 인물의 대결이 펼쳐지게 된다.

전쟁은 독일이 스탈린그라드를 포위하면서 시작되었다. 레닌그라드에서처럼 말이다. 독일군의 제6군 사령관이었던 파울루스는 33만 명의 병력과 600대의 폭격기로 스탈린그라드를 공격하여 민간인 사망자만 4만여 명이 희생됐다. 독일군의 전차부대는 소련군의 기관총 부대와 비교해 시가전에서 취약했다. 이를 눈치챈 소련군 사령부는 독일군을 시가전으로 유도했으며, 거리마다 건물마다 전투가 벌어졌다. 석 달에 걸친 시가전은 치열하기 이를 데 없었다. 독일 장교의 기록에 의하면 단 한 채의 빌딩을 차지하기 위해 독일군과 소련군이 2주간을 싸우기도 했다고 한다. 계단이며 지하실을 가리지 않고 시체들이 즐비할 만큼 인명피해가 컸다.

여름에 시작된 전쟁이 장기화되어 겨울로 향하게 되자 독일군은 점차 식량이 고갈되었고 마땅한 방한복 없이 혹한의 날씨와 맞닥뜨리게 된다. 그해 11월부터 소련군의 반격이 이어졌는데, 독일군은 무기 보급로까지 차단되었다. 후방 부대의 지원 병력으로부터 고립되어 음식도 탄약도 다 떨어진 데다 구조될 희망도 없었다. 22개 사단이 스탈린그라드에서 러시아 군대에 의해 포위 당한 것이다. 독 안에 든 쥐가 따로 없었다. 독일 제6군 사령관 파울루스는 상부에 후퇴를 요구했으나 히틀러는 일언지하에 거절했다. 무조건 버티라는 명령과 함께 파울루스를 원수의 자리로 승격시켰다. 원수라는 높은 직위에서 항복한 사례가 없으니, 버티든 자살하든 하라는 메시지였다. 메시지를 파악한 파울루스는 격분했고, 1943년 2월 2일, 마침내 히틀러의 명령을 거부하고 소련군에 항복함으로써 전쟁이 끝났다. 오늘날에도 러시아에서는 2월 2일을 스탈린그라드 종전기념일로 기념하고 있다. 독일군과 소련군이 6개월간 시가전을 벌이는 동안 약 200만 명의 사상자가 발생했다.

　1942년 7월에 시작하여 1743년 2월에 끝난 스탈린그라드 전투의 기간을 보면 알 수 있듯이, 여름에 시작되어 겨울에 끝난 이 전투에서 러시아를 승리로 이끈 최대공신은 동장군冬將軍, 즉 러시아 겨울의 혹한酷寒이었다. 또 남과 북의 두 지역으로 전력이 분산된 탓에 독일군은 어디서도 압도적인 우위를 누릴 수 없었다. 그리하여 레닌그라드와 모스크바를 점령하는 데 실패했을 뿐 아니라 카스피해 지역을 장악하는 데도 실패했다.

　스탈린그라드 전투는 러시아 전쟁의 고비였다. 독일군 불패의 신화가 깨졌고, 이에 용기를 얻은 소련군은 스탈린그라드 전투 이후,

그들의 침략자들을 공격했다. 결국 독일군은 서쪽으로 밀려났다. 독일군 군대는 병력으로나 장비로나 대체할 수 없을 만큼 큰 손실을 보았다. 1943년 7월 쿠르스크에서 독일군과 소련군 탱크 약 1,500대씩이 맞붙은 대규모 전투에서 소련군이 승리를 거두었고,[35] 1944년 초 소련군은 동유럽을 향해 나아가고 있었다. 이제 히틀러는 승리는 커녕 어떻게든 소련군의 진격을 지연시키기 위해 고전하는 처지가 되었다. 그리고 마침내 독일군 군화 소리가 베를린에까지 들려오게 되자, 히틀러는 지하 벙커에서 연인과 함께 자살했다. 사체를 불태워 달라는 부탁을 측근에게 해두고 말이다. 얼마 전 이탈리아의 무솔리니가 살해된 후, 시신까지 갖은 수모를 겪은 뒤 유기되었다는 소식을 들었기 때문이었다.

노래에 담긴 병사들의 슬픔

우리나라에 한때 일명 '귀가 시계'라고 불릴 만큼 인기가 많았던 〈모래시계〉라는 드라마가 있었다. 70년대 말부터 90년대 초까지 격동의 현대사를 살았던 세 명의 남녀 주인공의 애틋한 사랑과 엇갈린 운명이 가슴을 울렸던 드라마였다. 그런데 드라마만큼이나 사랑받았던 OST가 있었다. 바로 러시아 노래 '백학Crane'이었다. '백학'의 깊고

---

35) 《서양 현대사의 흐름과 세계》 강철구. 용의 숲. 2012

비장하며 우수에 젖은 선율은 극의 비장미를 고조시키곤 했다.

　이 노래는 러시아의 가수인 이오시프 코브존이 1969년에 리메이크한 것으로, 원래는 제2차 세계대전에서 전사한 병사들을 추모하는 내용을 담은 시에서 유래했다. 러시아 다게스탄 공화국 출신의 시인인 라술 감자토프가 쓴 시에 곡을 붙인 것이다. 그래서인지 가사가 심금을 울린다. 그 가사는 이렇다.

나는 가끔 병사들을 생각하지
피로 물든 들녘에서
돌아오지 않는 병사들이
잠시 고향 땅에 누워보지도 못하고
흰 학으로 변해버린 듯하여

그들은 옛날부터
지금까지 날아만 갔어
그리고 우리는 불렀지

왜 우리는 자주 슬픔에 잠긴 채
하늘을 바라보며
말을 잃어야 하는지

날아가네! 날아가네!

저 하늘의 지친 학의 무리

날아가네! 저무는 하루의 안개 속을

무리 지은 대오의 그 조그만 틈새

그 자리가 혹 내 자리는 아닐는지

그날이 오면 학들과 함께

나는 회청색의 어스름 속을

끝없이 날아가리

대지에 남겨둘 그대들의 이름자를

천상 아래 새처럼 목놓아 부르면서

스탈린그라드 전투에서 독일군은 22만여 명의 전사자와 9만 1,000여 명의 포로가 발생했고, 추축국 동맹군(이탈리아군, 루마니아군, 헝가리군)도 30만 명 이상의 피해를 보았다. 이때의 독일군 포로 중 생존자 6,000명만이 1955년 독일로 송환되었다. 스탈린그라드 전투로 심각한 전력 손실을 입은 독일군은 이후 1945년 제2차 세계대전에서 패전하게 된다.

한편 소련군은 47만 8,000여 명이 전사하고 65만여 명의 부상자가 속출하는 등 총 110만여 명의 사상자를 기록했다. 소련이 승리하긴 했지만, 전사자 수는 패전국 독일의 배가 넘는다. 이로써 스탈린그라드 전투는 전쟁 역사상 가장 많은 사상자와 포로, 민간인 피해를 유발한 전투로 기록된다.

어떤 전쟁이든 전쟁은 비참하다. 그런데도 레닌그라드 전투나 스탈린그라드 전투가 좀 더 참혹하게 여겨지는 데는 혹독한 추위가 더해졌기 때문이다. 다른 곳과 달리 영하 30~40도의 혹한의 날씨 탓에 이곳의 희생자들은 죽는 순간의 표정과 동작으로 얼어붙는다. 구조를 요청하듯 한쪽 팔을 들어 올린 채 죽은 병사는 봄 햇살에 얼음이 녹을 때까지 그 모습 그대로다. 사랑하는 아들 혹은 남편의 죽음을 생생하게 목격한 유족들의 슬픔은 상상 이상이다. 안타까움에 들어 올린 팔이라도 바로 내려주려 해보지만 뻣뻣하게 언 팔은 꼼짝도 하지 않는다. 통곡하며 흘리는 유족의 눈물은 곧 뺨 위에 살얼음이 된다. 꽁꽁 언 땅에는 곡괭이도 삽도 잘 들어가지 않아서 제대로 된 무덤 하나 마련해 줄 수 없다. 게다가 하늘에선 무심히 눈발이 날린다. 그 모든 것이 남은 자의 한으로 남는다.

그래서일까? '백학'의 비장한 선율과 중후하게 깔리는 가수의 목소리, 그리고 그 가사를 음미해보면, 전쟁 중에 희생된 숱한 병사들의 안타까움과 살아남은 자의 슬픔과 죄책감이 오롯이 느껴진다. 앞으로 어쩌다 한 덩이의 투박한 흑빵을 마주하게 되면 빵의 색과 모양과 식감처럼 투박하고 소박했던 러시아인들이 제2차 세계 대전에서 겪은 희생과 아픔이 떠오를 것 같다.

10가지 빵 속에 담긴 인류 역사 이야기

빵으로 읽는 세계사

초판 1쇄 발행 2021년 10월 11일
초판 7쇄 발행 2024년 12월 03일

지은이 이영숙
펴낸이 이부연
책임편집 양필성
마케팅 백운호
디자인 김윤남, 김숙희

펴낸곳 (주)스몰빅미디어
출판등록 제300-2015-157호(2015년 10월 19일)
주소 서울시 종로구 내수동 새문안로3길 30, 세종로대우빌딩 916호
전화번호 02-722-2260
인쇄·제본 갑우문화사
용지 신광지류유통

ISBN 979-11-91731-07-1 03900

한국어출판권 ⓒ (주)스몰빅미디어, 2021